I0187150

QUI SUIS-JE ?

UN REGARD DIFFÉRENT SUR L'IDENTITÉ

Ce livre est également disponible en version eBook et en anglais.

ISBN : 978-2-95-576566-1
© Édité par Pascal Malonda, Paris, 2019
Tous droits réservés pour tous pays.

QUI SUIS-JE ?

UN REGARD DIFFÉRENT SUR L'IDENTITÉ

PASCAL MALONDA

Ce livre est dédié à toi lecteur, qui tient cet ouvrage entre les mains, en espérant qu'il apporte une pierre supplémentaire à l'édifice qu'est ton identité. Car, aussi longtemps que tu as en toi le souffle de vie, tu es destiné à croître, à devenir et à être.

Pascal Malonda

« Car il est tel que sont les arrière-pensées de son âme. »

(Proverbes 23:7)

Introduction

Aucune personne ne peut prétendre être une feuille vierge à la naissance, car chacun hérite du patrimoine génétique de ses pères qui définit une partie de ses traits de caractère, et naît dans une famille et un milieu social et économique qui forment en quelque sorte le décor dans lequel vont se dérouler ses tout premiers pas. Au fil des années, les expériences, les connaissances et les événements marquants viennent s'inscrire, page après page, sur le récit de sa vie, prolongeant ou modifiant la direction qui aura été amorcée au départ. Chaque histoire a beau être personnelle et unique, sa réalisation nécessite néanmoins la collaboration d'un ou plusieurs contributeurs, car elle ne peut pas s'écrire seule. L'apport de chacun est différent, certains ayant beaucoup plus d'impact que d'autres. Il n'en reste pas moins que nous devrions soigneusement prêter attention aux différentes personnes et aux événements que nous autorisons à écrire sur le livre de notre vie. Très peu de personnes ont en effet conscience des effets de la société, du système éducatif et de l'entourage sur la construction de leur identité. Ces différents acteurs ont pourtant contribué à différents niveaux à faire de nous les personnes que nous sommes aujourd'hui. Ils ont influencé nos croyances, notre personnalité, notre mentalité et notre mode de pensée. Il y a pourtant fort à parier que certaines de nos certitudes les plus profondes auraient été tout autres si nous avions grandi dans un autre pays ou une autre culture. Elles apparaissent néanmoins aujourd'hui comme les piliers inamovibles sur lesquels nous nous sommes construits et nous appuyons désormais pour exister. Preuve en est, nous avons tendance à croire ce que nous comprenons et à rejeter ce que nous ne saisissons pas. Nous acceptons facilement les principes et les raisonnements qui entrent dans notre cadre de pensée, tant qu'ils ne remettent pas en question les convictions sur lesquelles nous avons fondé notre vie. Au fil du temps, ce que nous avons intégré durant notre enfance, notre adolescence et à l'âge adulte, finit par déterminer la manière dont nous percevons et interagissons avec le monde qui nous entoure.

J'en ai fait l'expérience au cours de l'été 2017, pendant que j'effectuais une excursion d'un mois en Afrique, durant laquelle j'ai visité la République Démocratique du Congo, la Zambie, le Malawi et le Mozambique. Lors de ce séjour, j'ai eu l'occasion d'aller dans une prison dans laquelle étaient incarcérés des adolescents. J'y accompagnais les membres d'une association qui leur donnent des cours d'alphabétisation et de valorisation. En les voyant, une chose m'a immédiatement interpellé : leurs yeux avaient perdu ce pétillement et cette flamme qui caractérisent l'innocence du jeune garçon et de la jeune fille qui ont toute la vie devant eux. Au départ, j'ai cru que cela était lié à l'emprisonnement et aux terribles conditions de vie, mais je ressentais qu'il y avait bien plus que cela. Après un instant de réflexion, je me suis rendu compte que ce vide dans leur regard venait de l'image qu'ils avaient d'eux-mêmes. Elle était entachée par la dureté de leur vie et par le cycle de l'échec dont la boucle passe par la case prison. Elle les empêchait de se projeter et de croire en un avenir meilleur. Pourtant, parmi eux se trouvaient certainement de grands chefs d'entreprise, des professeurs, des pâtissiers reconnus, et qui sait, peut-être même le futur président de la nation. Chacun de ces garçons avait, j'en étais convaincu, un potentiel prometteur, mais ne bénéficiait pas des conditions favorables qui leur permettrait d'éclore. En les quittant, j'eus cette conviction que la prison ne se limitait pas seulement au manque de liberté, mais également à une fausse perception de soi.

Aujourd'hui, combien d'hommes et de femmes se trouvent dans la même situation que ces jeunes ? Ils sont certes libres physiquement, mais restent prisonniers de la représentation falsifiée d'eux-mêmes. Cela nous amène à nous poser une question fondamentale : **Qui suis-je ?** Aussi longtemps qu'elle reste irrésolue, il est difficile d'avoir une vision vraie de soi et par conséquent de connaître sa véritable histoire, car tout récit s'articule toujours autour des caractéristiques de son personnage principal. J'ai moi-même été confronté à cette même interrogation il y a plusieurs années de cela, et c'est la raison pour laquelle les explications que je vous apporte sont celles que j'ai pu découvrir pour ma propre vie, ainsi qu'en discutant et en observant les gens autour de moi.

À travers cet ouvrage, j'ai voulu partager ma perception de l'identité en m'inspirant de concepts propres à trois disciplines : la sociologie, la psychologie et la foi. Associer ces trois domaines m'a permis de dresser un tableau beaucoup plus fin de l'Homme face à sa recherche d'identité dans une société qui prône l'identité nationale, l'identité numérique, l'identité sexuelle, mais dans laquelle il continue de perdre de vue qui il est véritablement. Cette méconnaissance crée un doute permanent chez l'être humain, alors réduit aux troubles émotionnels, comportementaux, voire à la dépression. Cette lecture vous conduira à regarder à l'intérieur de vous, mais également à lever les yeux vers le ciel, car l'Homme est bien trop petit face à certaines questions existentielles.

Ce livre se présente en deux parties :

- La première partie « L'identité selon l'Homme », relate comment la société, le système éducatif, l'entourage et bien d'autres sphères ont façonné notre système de pensée, faisant de nous les personnes que nous sommes aujourd'hui.

- La seconde partie « L'identité selon Dieu », présente l'Homme comme étant un être spirituel. Cet aspect est souvent occulté, il est pourtant essentiel pour dresser un portrait complet et véritable de l'être humain.

PREMIÈRE PARTIE

L'identité selon l'Homme

Chapitre 1 – L'identité

Le fleuve Amazone, situé en Amérique du sud, traverse sept pays : la Bolivie, le Brésil, la Colombie, l'Équateur, la Guyane, le Pérou et le Venezuela. À l'origine, il s'agissait d'un petit ruisseau s'écoulant d'une montagne, et qui au fur et à mesure de sa course a pris de l'ampleur, en accumulant les eaux fluviales et en étant rejoint par d'autres ruisseaux et fleuves croisés sur son chemin. Les spécialistes estiment qu'environ mille affluents se déversent dans l'Amazone, faisant de ce fleuve l'un des plus grands (6700 km) et les plus puissants au monde (débit de 209 000 m^3)[1], avec le Nil. Ce fleuve occupe un rôle majeur dans toute la région, parce qu'il abreuve la forêt Amazonienne en participant à la vie de la faune et de la flore de tout l'écosystème. Ce petit ruisseau n'aurait jamais pu être le grand fleuve qu'il est aujourd'hui s'il n'avait bénéficié de la contribution d'une multitude d'autres sources d'eaux. L'histoire du fleuve Amazone est une parfaite illustration de ce qu'est la vie de l'Homme sur la Terre. D'une simple semence naît l'enfant, qui, au fil des années, et avec la contribution d'une multitude d'acteurs internes et externes, devient un adolescent, puis un adulte. L'être humain évolue tout au long de sa vie, au travers de l'apprentissage,

---

1. (Source Wikipedia : https://fr.wikipedia.org/wiki/
Liste_des_plus_longs_cours_d'eau).

de la connaissance, des rencontres et des expériences. Sa vie compte quatre saisons : l'enfance, l'adolescence, la maturité et la vieillesse. Erik Erikson, psychanalyste et psychologue de renom, auteur de plusieurs livres devenus des références dans le domaine comportemental, a établi un modèle représentant, selon lui, les huit étapes de développement[2] propres à chaque individu.

1- De la naissance à 18 mois. Confiance contre méfiance.	L'enfant nouvellement né se retrouve dans un environnement qu'il ne connaît pas. Son adaptation passe par les liens affectueux qu'il tisse avec sa mère et le fait d'apprendre à lui faire confiance.
2- De 18 mois à 3 ans. Crise : autonomie ou honte et culpabilité.	L'enfant commence à prendre des initiatives seul, comme se déplacer, parler et manger. Le fait parfois d'échouer peut susciter en lui la gêne.
3- De 3 à 6 ans. Crise : initiative ou culpabilité.	L'enfant veut faire les mêmes choses que les adultes, outrepassant parfois les limites imposées par les parents. Certaines actions mettront ses capacités à l'épreuve, d'où un sentiment parfois de culpabilité.
4- De 7 à 11 ans. Crise : travail ou infériorité.	Le travail scolaire participe à la découverte et au développement de ses compétences. L'incapacité à bien faire, ou les remarques désobligeantes des adultes peuvent faire naître en lui le sentiment d'infériorité. Les remarques des adultes ont dès lors toute leur importance.
5- Adolescence (12-20 ans). Crise : identité ou confusion des rôles.	Période durant laquelle l'adolescent s'interroge sur son identité personnelle, en remettant en question nombre de choses qu'on lui a apprises. C'est selon Erikson une phase de crise identitaire.
6- Jeunes adultes (20-40 ans). Crise : intimité ou isolement.	Période durant laquelle le jeune adulte cherche à établir des relations d'amitié avec les autres. Lorsqu'il n'y parvient pas, il risque alors de s'isoler en se repliant sur lui-même.
7- Adulte mature (40-65 ans). Crise : générativité ou stagnation.	La générativité est le désir d'aider les nouvelles générations à s'établir en les guidant. Ceux qui ne le font pas sont alors dans un processus de repli sur soi et de stagnation.

---

2. Erik Erikson, « *Childhood and society* », (1950), (Source : https://www.simplypsychology.org/Erik-Erikson.html).

8- Maturité (+65 ans). Crise : intégrité ou désespoir.	Les personnes ont le sentiment d'avoir été intègres avec elles-mêmes, en donnant un sens à leur vie. À la fin de leurs jours, elles partagent un sentiment de satisfaction ou au contraire de désespoir, si elles sont envahies par le regret.

Erik Erikson décrit chaque étape comme étant un palier nécessaire pour entrer dans une autre phase de sa vie. Il choisit d'employer le mot crise pour décrire le passage d'un stade vers un autre, car durant cette période deux tendances s'opposent, l'une positive et l'autre négative. Par exemple, l'étape cinq appelée « *intimité versus isolement* » illustre le fait que durant ce temps, l'individu a le choix : soit de créer des relations dans lesquelles il prend le risque de s'ouvrir pour créer un lien solide et durable, soit de rester en surface, ce qui peut entraîner l'isolement, du fait que ses relations n'auront qu'un caractère superficiel. L'opposition de ces deux forces est nécessaire, car elle participe selon lui à la construction du MOI et donc au développement de l'identité d'un individu[3].

Comprendre les changements qui s'opèrent tout au long de notre vie nous aide à mieux interpréter notre mode de fonctionnement. Dans ce chapitre, nous allons nous pencher sur les périodes de l'enfance, de l'adolescence et de l'âge adulte, afin de mieux appréhender pourquoi nous parlons, pensons et agissons de telle ou telle manière. Nous verrons ainsi en utilisant un langage emprunté aux mathématiques, que : **à l'âge adulte chacun d'entre nous est la somme des connaissances, des idées et des expériences qu'il a emmagasinées durant son enfance et son adolescence.**

---

3. Erik Erikson, (Source Wikipédia : https://fr.wikipedia.org/wiki/Erik_Erikson).

19

- **L'enfance**

Le processus de transformation de l'enfance à l'âge adulte nous est tellement naturel que nous y prêtons à peine attention, alors que c'est durant cette période que s'établissent bon nombre des croyances, des habitudes, des pensées et des raisonnements qui influenceront plus tard notre vie d'adulte. Les experts estiment que le fonctionnement cérébral d'un enfant s'établit entre zéro et cinq ans. Durant cette période, son cerveau mémorise une masse d'informations en établissant des milliards de connexions, appelées *synapses*, entre les neurones, ce qui génère un véritable réseau neuronal. Stephen Smith, professeur de physiologie moléculaire et cellulaire et chercheur à l'université de Stanford déclare : *« Un cerveau humain sain typique contient environ 200 milliards de cellules nerveuses, ou neurones, reliés les uns aux autres par des centaines de milliers de milliards de contacts minuscules appelés synapses.[4] »*. Ses travaux lui ont également permis d'établir que le nombre de synapses à l'intérieur du cerveau est supérieur au nombre de connexions du réseau internet mondial[5]. Pouvez-vous imaginer un instant la complexité de cet immense réseau à l'intérieur d'un tout petit organe d'à peine 1500 grammes ? Ces connexions sont indispensables à l'être humain, parce qu'elles lui permettent d'avoir un accès instantané à une information, lorsque celle-ci se représente à lui plusieurs fois. À mesure que l'enfant grandit, un énorme réseau prend alors place dans son cerveau, créant ainsi une architecture neuronale, en fonction des événements les plus

---

4. Interview de Stephen Smith. Article : « New imaging method developed at Stanford reveals stunning details of brain connection », publié le 17 novembre 2010. (Stanford Medicine University : https://med.stanford.edu/news/all-news/2010/11/new-imaging-method-developed-at-stanford-reveals-stunning-details-of-brain-connections.html).
5. https://www.cnet.com/news/human-brain-has-more-switches-than-all-computers-on-earth/

fréquents qu'il rencontre. Cette architecture sert de fondement à la construction de sa personnalité et également de son système de pensée.

Il y a plus d'une vingtaine d'années de cela, j'étais en vacances chez de la famille sur l'île de Saint-Martin, dans les Caraïbes. L'une de mes petites cousines, qui était âgée à l'époque d'environ trois ou quatre ans, observait depuis plusieurs minutes un coq en train de manger. Elle semblait intriguée par la scène. Elle me regarda et me demanda, avec la naïveté d'un enfant :

- Tonton Pascal, c'est quoi ?

- *C'est un coq ! Lui répondis-je.*

- *Il mange quoi le coq ?*

- *Il mange des graines.*

- *Pourquoi il mange des graines ?*

- *Pour se nourrir.*

- *C'est qui la femme du coq ?*

- *C'est la poule.*

- *Mais elle vient d'où la poule ?*

- *La poule vient de l'œuf.*

- *Et il vient d'où, l'œuf ?*

- ...

À ce moment-là, je dois avouer que je craquai et mis fin à notre conversation, ne pouvant répondre à sa question qui, elle ne le savait pas, était à l'origine d'un débat vieux comme le monde. Sa curiosité était pourtant normale, car elle était en pleine phase d'apprentissage. Chacune de ses questions lui permettait d'étoffer ses connaissances, en faisant un lien entre ce qu'elle voyait et ce à quoi cela correspondait. À chacune de mes réponses, un travail invisible s'opérait dans son cerveau. Ce principe fonctionne pour les choses positives, comme négatives. Un ami me raconta un jour, qu'alors qu'il était à table avec sa femme et son fils âgé de quatre ans, son jeune garçon prononça un gros mot en plein milieu de la conversation. Ce qui sortit de sa bouche était tellement grossier qu'il y eut quelques secondes de silence. Son père lui demanda très calmement : « *Où est-ce que tu as entendu ça ?* » Son fils cita le nom de l'un de ses camarades de classe, comme en étant l'auteur. Celui-ci l'avait probablement entendu de la bouche d'un adulte, et l'avait mémorisé. Le père regarda son épouse et lui dit : « *Il faut que l'on déménage de cette ville !* » Il s'inquiétait de voir comment le quartier et l'environnement scolaire étaient capables d'inculquer de mauvaises valeurs à son enfant. L'année suivante, ils mirent leur projet à exécution et allèrent s'installer dans une ville plus agréable et offrant un meilleur cadre scolaire.

Le cerveau n'est pas immuable, il continue d'évoluer tout au long de la vie, notamment lors des phases d'apprentissage et de mémorisation, durant lesquelles il crée ou modifie sa structure, en réorganisant son circuit nerveux. La neuroscience appelle cela la neuroplasticité ou la plasticité cérébrale. Une publication officielle de l'OCDE (Organisation de Coopération et de Développement Économiques) reprend les résultats d'une étude sur le cerveau, dans laquelle il est expliqué les découvertes faites par la neuroscience sur ce sujet : « *Les neuroscientifiques ont clairement montré que le cerveau dispose d'une grande capacité d'adaptation aux demandes de son environnement, c'est ce que la science appelle la plasticité. Des connexions neuronales sont créées ou renforcées, d'autres sont affaiblies ou éliminées, selon les besoins.*[6]». Une personne qui apprend régulièrement de nouvelles choses et qui ne cesse d'évoluer oblige son cerveau à créer et modifier en permanence de nouvelles connexions entre ses neurones, à l'inverse de celle qui n'évolue pas et qui reste figée dans ses habitudes, ses raisonnements et son mode de pensée. La première construit, modifie, remodèle régulièrement son réseau de neurones, tandis que la seconde le garde fixe, rigide, statique. Il ne peut donc y avoir de réelle transformation extérieure, sans qu'il y ait eu au préalable une transformation intérieure. Vous avez déjà entendu ce type de phrase, n'est-ce pas ? La neuroscience nous démontre aujourd'hui qu'il ne s'agit pas uniquement d'une transformation psychique, mais également cérébrale, donc structurelle au niveau du cerveau.

Un ami me raconta que durant sa première année de mariage, sa femme et lui furent obligés de changer leur façon d'agir sur un bon nombre de points. L'un d'entre eux étant la vaisselle. Cela peut prêter à sourire, mais il m'expliqua que lorsqu'il avait fini de manger, il avait toujours eu pour habitude de laver directement son assiette et ses couverts, tandis que sa femme les laissait sur le plan de travail ou dans l'évier, et ce parfois pendant plusieurs jours. Ils avaient chacun hérité de ce mode de fonctionnement de leurs parents. Nul besoin de vous dire qu'il y eut au départ quelques tensions. Il comprit rapidement que le problème n'était pas de savoir qui avait tort ou qui avait raison, dans la mesure où chacun avait l'impression d'agir normalement, car cela était devenu leur habitude. Ils durent donc ajuster leur manière de penser,

---

6. Cet ouvrage est publié sous la responsabilité du Secrétaire général de l'OCDE : « *Comprendre le cerveau : naissance d'une science de l'apprentissage* », 2007, p.13.

pour trouver leur propre fonctionnement en tant que couple. Il fallut d'abord qu'un changement s'opère à l'intérieur d'eux, pour que celui-ci puisse ensuite être visible à l'extérieur.

Ainsi, il est important pour une personne d'apprendre, d'entendre, de regarder et de vivre de bonnes choses dans son jeune âge, car elles établissent en elle des fondations saines qui contribueront à faire d'elle un adulte en bonne santé physique, émotionnelle et spirituelle. Le docteur Caroline Leaf a en effet écrit : « *En fait, pour chacun de vos souvenirs vous avez une émotion correspondante qui y est attachée, qui est stockée dans votre cerveau, et qui est comme une photocopie dans les cellules de votre corps.*[7] » À l'inverse, toute expérience traumatisante, événement négatif ou paroles rabaissantes, peuvent laisser des traces qui, si elles ne sont pas traitées suffisamment tôt, sont capables de détruire de l'intérieur, allant parfois jusqu'à modifier la trajectoire de certaines vies.

Plusieurs études sur l'enfance et l'adolescence révèlent qu'un enfant qui bénéficie d'un environnement propice à son développement et à son épanouissement, dans lequel il est aimé, écouté, éduqué avec bienveillance, a beaucoup plus de chances d'être épanoui et de réussir sa vie d'adulte. A l'inverse, un enfant qui souffre de problèmes d'estime de soi, de forte timidité, ou encore de complexes d'infériorité, a souvent fait face à un manque de considération ou à l'absence de paroles valorisantes de la part de son entourage. Ces personnes rencontrent des difficultés à l'âge adulte pour s'insérer dans un groupe, créer des relations sociales ou professionnelles, et peinent à avoir une vie heureuse et épanouie. Les blessures émotionnelles engendrées par des violences physiques ou psychologiques peuvent conduire, si on ne l'empêche pas, à

---

7. Caroline, Leaf : « *Who switched off my brain?* », p.21.

un cycle de l'échec permanent. Un article publié sur le site internet *Psychology Today* explique les incidences que cela peut parfois avoir dans la vie d'adulte :

Les enfants attribuent un sens aux évènements dont ils sont témoins et aux choses qui leur arrivent, se créant ainsi une carte interne basée sur le monde tel qu'il est. Ce procédé les aide à mieux y faire face. Mais si les enfants ne créent pas une nouvelle carte interne à mesure qu'ils grandissent, leur ancienne façon d'interpréter le monde peut altérer leur capacité de fonctionner en tant qu'adultes[8].

De même que la construction d'une maison exige des fondations solides pour assurer sa stabilité, de même les périodes de l'enfance et de l'adolescence sont fondamentales dans la formation de la personnalité d'un individu.

• **L'adolescence**

Le psychologue James E. Marcia a approfondi les travaux d'Erik Erikson vus précédemment, en divisant la phase d'adolescence en quatre parties[9] (1996). Durant cette période, l'adolescent se retrouve selon lui confronté à différentes situations qui l'amènent à formuler ses propres choix, et l'attitude qu'il adopte contribue à la structuration de son identité. L'adolescence est, pour beaucoup de parents, synonyme de grands chamboulements, car durant cette période, non seulement ils ne reconnaissent plus leur enfant, mais la communication est

---

8. Andrea Brandt : « *4 Ways the Pain of Childhood Trauma Impacts Us as Adults* », (Source : https://www.psychologytoday.com/blog/mindful-anger/201706/4-ways-the-pain-childhood-trauma-impacts-us-adults). Article publié le 01 juin 2017.
9. James E. Marcia, les 4 phases de l'adolescence : la réalisation identitaire, l'identité moratoire, l'identité forclose et l'identité diffuse. (Source Wikipédia : https://en.wikipedia.org/wiki/James_Marcia).

devenue parfois très compliquée. Elle marque le passage du monde de l'enfance vers celui de l'adulte. Elle oblige l'individu à s'interroger sur qui il est, et surtout ce qu'il veut devenir. Le jeune affirme de plus en plus son identité, à mesure qu'il grandit, et se trouve confronté à toutes sortes de questions et de sollicitations qui requièrent non seulement un choix de sa part, mais parfois aussi une prise de position. Il cherche en permanence des réponses au travers de ses camarades, des discussions qu'il peut avoir avec ses amis appartenant au même groupe social (sport, musique, art, etc.), au même environnement géographique (quartier, ville,...), mais également en prenant pour exemple les modèles de réussite mis en valeur par son groupe social. Il doit choisir entre ce qu'il faut faire et ne pas faire, ce qui est mal et ce qui est bien, les principes que lui ont inculqués ses parents et ceux de ses amis, et qui s'avèrent quelquefois être à l'opposé. À cet âge, l'adolescent a tendance à se comparer aux autres et sa perception de soi dépend de l'image que les autres lui renvoient de lui-même. Ceux qui ont un caractère peu affirmé ont tendance à suivre l'avis du plus grand nombre dans le but de plaire et d'être acceptés, car l'image que les autres peuvent avoir d'eux est de première importance. En pleine quête d'identité, certains adolescents trouvent en leurs héros et stars préférés des modèles de référence et vont jusqu'à pousser le mimétisme en adoptant leurs tenues vestimentaires, leurs coupes de cheveux, leur langage et leurs comportements.

J'habite à proximité d'un lycée et il est amusant d'observer ce phénomène de mimétisme. Il y a quelques années de cela par exemple, j'étais amusé de voir plusieurs lycéennes qui avaient opté pour le « *half hawk* », une coupe de cheveux avec les cheveux longs d'un côté, et rasés de l'autre. Les jeunes filles s'étaient inspirées du style capillaire de leurs stars préférées, Miley Cyrus, Rihanna et Avril Lavigne. Rien de nouveau sous le soleil me direz-vous, puisque beaucoup d'entre nous ont également fait la même chose au même âge.

L'âge de treize et quatorze ans correspond pour certains aux premières cigarettes, à l'initiation à l'alcool, ainsi qu'aux premières relations sexuelles risquées, malgré toute la prévention que l'on peut en faire, conséquemment aux dangers qui y sont liés. Pour certains de ces adolescents, il s'agit de défier l'autorité parentale, pour d'autres de se sentir adulte, et pour d'autres encore, simplement de faire comme tout le monde afin d'être accepté dans un groupe. L'âge de 16/17 ans marque l'affirmation de soi et les dernières marches à gravir avant d'atteindre la majorité, synonyme pour beaucoup de liberté. Ils devront cependant prendre soin d'utiliser au mieux cette nouvelle liberté acquise, car si certains parviennent de par leur tempérament à prendre le virage avec douceur, d'autres foncent tête baissée vers leur nouvelle vie, avant de prendre conscience qu'elle peut rapidement se transformer en prison si elle est mal utilisée. Plusieurs enquêtes nous montrent que cette phase d'affirmation et de découverte de soi représente également une période à risque pour plusieurs, comme le montrent les résultats de cette étude faite par l'assureur MAIF[10] :

- Entre 14 et 18 ans, un décès sur trois est dû à un accident de la route.

- L'alcool est présent dans 30 % et le cannabis dans 10 % des cas d'accident mortel : leur association multiplie le risque.

---

10. Assureur Maif, Document : « *L'adolescence et les conduites à risques* », (Source : https://www.maif.fr/content/pdf/la-maif-s-engage/actions-mutualistes/ adolescence-et-conduites-a-risques/maif-essentiel-sur-adolescent-et-conduites-a-risque.pdf).

- 40 % des adolescents de 15 ans et 57 % des jeunes de 17 ans déclarent avoir déjà été ivres.

- 30 % des adolescents entre 13 et 15 ans déclarent avoir déjà fumé du cannabis et un jeune sur cinq fume du cannabis.

À cela vient également s'ajouter la dépression, qui, selon un rapport de l'OMS, est *« la principale cause de maladie et de handicap chez les garçons et les filles âgés de dix à dix-neuf ans.[11] »* Durant cette période, la transformation est double, puisqu'elle s'opère à la fois sur le plan biologique, avec la période de puberté durant laquelle l'adolescent(e) voit son corps changer, mais aussi sur le plan psychologique, où sa perception et sa compréhension du monde change. L'adolescence permet aux jeunes de quitter l'enfance pour devenir des adultes plus ou moins accomplis, en fonction de la manière dont celle-ci a été vécue. Le psychologue Stanley Hall emploie un terme fort, puisqu'il parle même de **nouvelle naissance**. Il dit : *« L'adolescence est une nouvelle naissance, car les traits les plus élevés et complètement humains sont maintenant nés[12] ».*

• **L'âge adulte**

Les étapes de développement de l'être humain nous permettent de réaliser qu'entre l'enfance et l'âge adulte, chacun d'entre nous passe par différents paliers dont nous n'avons pas toujours conscience. Tel un escalier, chaque palier nous

11. Organisation mondiale de la Santé, « L'OMS appelle à en faire plus pour la santé des adolescents », 2014. (Source : http://www.who.int/mediacentre/news/releases/2014/focus-adolescent-health/fr/).
12. Site internet : www.brainyquote.com, (Source : https://www.brainyquote.com/quotes/g_stanley_hall_381305?src=t_teen).

prépare à atteindre le niveau supérieur, jusqu'à ce que nous atteignions enfin l'âge adulte. L'âge adulte n'est pas une fin en soi, puisque nous continuons bien entendu à évoluer, mais à partir des fondations construites durant notre enfance et notre adolescence. Cette compréhension nous permet de mieux saisir que la manière dont nous pensons, parlons et agissons en tant qu'adulte n'est pas anodine, mais qu'elle correspond à la façon dont notre être intérieur a été transformé.

L'environnement dans lequel chacun évolue est fondamental, car c'est ce contexte qui forme notre être intérieur, en influençant notre manière de penser et de se comporter. Si chaque saison de la vie est importante, les spécialistes s'accordent néanmoins à dire que l'enfance et l'adolescence jouent un rôle fondamental, parce qu'elles posent les bases sur lesquelles l'individu construit sa personnalité et son identité. Le dictionnaire Larousse définit l'identité comme étant : « *le caractère permanent et fondamental de quelqu'un, ou d'un groupe, caractérisant de fait son individualité, et sa singularité* ». La notion d'identité en psychologie, en philosophie et en sociologie se distingue par bien des subtilités, mais si nous devions néanmoins les rassembler pour en tirer une seule et même définition, nous pourrions dire tout simplement que : **l'identité est la conscience qu'une personne a d'elle-même**. Celle-ci se construit bien entendu tout au long de notre vie, des différentes étapes par lesquelles nous passons et de la maturité que nous en tirons. L'appréciation que nous avons de nous-même est personnelle, parce qu'elle s'appuie sur des critères que nous avons internalisés et qui agissent dorénavant comme des filtres au travers desquels nous voyons le monde, mais également nous-mêmes. L'auteur Cameron C. Taylor a d'ailleurs écrit : *« Les gens ne voient pas le monde tel qu'il est, mais tels qu'ils sont[13] ».*

13.   Cameron C. Taylor, « *8 Attributes of great achievers* », Ed: Embassy Books, p.103.

Résumé :

• La vie de l'être humain compte quatre saisons : l'enfance, l'adolescence, la maturité et la vieillesse.

• Les experts estiment que le fonctionnement cérébral d'un enfant s'établit entre zéro et cinq ans. À mesure que l'enfant grandit, un énorme réseau prend alors place dans son cerveau qui mémorise une masse d'informations.

• Si chaque saison de la vie est importante, les spécialistes s'accordent néanmoins à dire que l'enfance et l'adolescence jouent un rôle fondamental, parce qu'elles posent les bases sur lesquelles l'individu construit sa personnalité et son identité.

• L'identité est la conscience qu'une personne a d'elle-même, elle est l'image que nous renvoie le miroir de notre âme.

Questions :

• Quelle est l'image que vous avez de vous-même ? Est-elle bonne ou mauvaise ? En fonction de votre réponse, expliquez quelles en sont les raisons.

• Si vous deviez vous définir, de quelle manière le feriez-vous ?

• Quels sont les mauvaises habitudes et comportements que vous avez hérités de votre enfance et que vous aimeriez voir changer aujourd'hui dans votre vie ?

• Quelles sont les choses que vous avez dites ou faites, à l'enfance et à l'adolescence, pour plaire et être accepté(e) par vos amis(es), et que vous regrettez ?

• Avez-vous des blessures d'enfance qui perdurent aujourd'hui dans votre vie d'adulte ? Si oui, lesquelles ?

Chapitre 2 – Le système de pensée

Il y a un peu plus d'une dizaine d'années, j'étais avec Jean-Marc, un ami, à bord d'un avion pour Lisbonne au Portugal. Nous devions y rejoindre un groupe d'amis qui avait loué une maison sur place. À cause de la période estivale et du fait que nous nous y étions pris à la dernière minute, nous avions été obligés de prendre un vol avec une escale à Zurich, en Suisse. Au bout de cinquante minutes de vol, le capitaine nous a annoncé que nous allions entrer dans une zone de turbulences et nous a demandé d'attacher nos ceintures. À peine a-t-il fini son annonce que l'avion a commencé fortement à tanguer, que les ailes se sont mises à vibrer, que les secousses se sont faites de plus en plus fortes, certains trous d'air donnant l'impression que l'avion chutait de plusieurs mètres. L'agitation a commencé à gagner l'ensemble des voyageurs, car les secousses étaient tellement impressionnantes que tout le monde sentait bien que ce n'était pas une simple zone de turbulences, comme on pouvait en avoir l'habitude. Alors que l'avion continuait d'être ballotté dans tous les sens, il m'est revenu à la mémoire qu'un an plus tôt, un avion du même type et de la même compagnie s'était écrasé en Allemagne. J'ai commencé alors un dialogue intérieur avec moi-même. *« Tu te rends compte qu'il y a environ un an, un avion de la même compagnie s'est écrasé ! On croit toujours que cela n'arrive qu'aux autres, mais peut-être que les passagers à bord de l'autre avion s'étaient dit la même chose, mais cela leur est pourtant arrivé !* » Alors que j'étais en plein dans mes pensées, mon monologue a été interrompu par une chute de plusieurs mètres et un cri strident provenant du fond de l'avion. Je me suis retourné et quelle n'a pas été ma surprise de voir qu'il s'agissait d'une des hôtesses de l'air. Complètement paniquée, elle s'est laissée tomber sur son siège, a mis sa ceinture et s'est agrippée à son fauteuil. *« Il ne manquait plus que ça ! »* me dis-je. La peur a envahi l'ensemble de la cabine. J'ai regardé autour de moi, et plus personne ne parlait. Chacun était dans un dialogue intérieur avec lui-même. Que pouvaient-ils donc bien se dire ? Certains priaient certainement le dieu de leur religion, d'autres pensaient à leurs proches ou voyaient peut-être le film de leur vie défiler. Quant à moi, je parlais à Dieu. Bien qu'ayant quitté les bancs de l'église plusieurs années plus tôt et ne priant qu'en de rares occasions, j'ai bien senti à ce moment précis, alors que j'étais entre ciel et terre, qu'il n'y avait personne d'autre que Lui qui pouvait m'aider dans cette situation. Ma prière ne reposait aucunement sur une relation régulière que je pouvais entretenir avec Lui, mais sur des souvenirs d'enfance auxquels je m'accrochais, et qui m'aidaient à ce moment précis à m'appuyer sur une certaine foi. Entre deux chutes de plusieurs mètres, j'ai dit à Dieu : *« Fais quelque chose ! Fais quelque chose ! ». « Sors-nous de là ! S'il te plaît ! Si je m'en sors, je ferai ceci et cela... »* J'ai cité alors une liste de bonnes résolutions dont je ne me souviendrais même plus une fois avoir posé mes deux pieds au sol. Mon ami Jean-Marc m'avouera plus tard que derrière son air calme, il priait lui aussi de son côté. Nous sommes finalement sortis de cette zone de turbulences, et l'atmosphère s'est détendue peu à peu. Les visages ont repris des couleurs et les gens ont recommencé à parler. Le silence ne signifiait pas qu'ils avaient arrêté de parler, mais leur dialogue était tout simplement devenu intérieur. Aussi longtemps qu'une personne vit, elle ne peut s'empêcher de penser, elle choisit simplement d'exprimer à voix haute ce qu'elle souhaite dévoiler. À l'atterrissage, nous n'avons pas manqué d'applaudir les pilotes, et moi de remercier Dieu d'avoir entendu mes prières.

Je ne me suis pas entretenu avec les autres passagers pour savoir quelles ont été leurs impressions, mais je sais, pour avoir vu les visages de quelques-uns, que personne ne l'a vécu de la même manière. Il n'y avait qu'à observer les attitudes et les comportements. Certains étaient stoïques, d'autres anxieux, et d'autres totalement paniqués. Au vu des circonstances, les réactions des uns et des autres sont tout à fait compréhensibles. Le vent secouait l'avion de bas en haut et de gauche à droite comme s'il s'agissait d'un vulgaire pantin, sans oublier le craquement des ailes, le bruit des moteurs et les pertes d'altitudes vertigineuses. Il y a cependant un autre paramètre beaucoup moins visible, mais tout aussi important, que je voudrais mettre en lumière, car il a joué un rôle majeur dans les réactions des uns et des autres. Cet élément a en effet interprété toutes les informations qui étaient envoyées au cerveau au travers des cinq sens, et les a ensuite communiquées au corps sous forme d'émotions. Les yeux ont vu par exemple les ailes lutter contre le vent et les visages crispés par la peur. Les oreilles ont entendu le craquement des ailes, les bruits des moteurs et les cris de panique. Les mains de certains sont probablement devenues moites et se sont agrippées avec force au fauteuil pour éviter au corps d'être balancé à droite et à gauche. La bouche était peut-être pâteuse, le nez et la gorge secs, la respiration lourde à cause du stress et de la climatisation. Les informations et les sensations ont été interprétées différemment, en fonction du profil des passagers. J'aimerais vous montrer ce qui a bien pu se passer dans la tête de chacun, afin que vous compreniez le rôle central qu'ont joué **les pensées**.

Afin de nous faciliter la tâche, nous allons diviser les passagers en trois groupes :

- Le premier groupe réunit tous les passagers qui ont peur de l'avion.

- Le second groupe réunit tous ceux qui n'ont pas peur de l'avion.

- Le troisième groupe réunit tous ceux qui n'ont pas eu peur pendant le vol.

Ces différents groupes vont nous permettre de mieux comprendre pourquoi chacune de ces personnes a réagi différemment en fonction de sa personnalité, de son caractère et de son histoire personnelle. Il est important de savoir que **chaque parole, émotion ou action de notre part est le résultat d'un minutieux mécanisme**. Il y a premièrement l'émission d'une pensée ou d'un sentiment, puis son analyse et si cela est nécessaire, il/elle est retravaillé(e) sur-mesure, pour correspondre à nos paramètres internes comme notre caractère, notre sensibilité, notre mentalité, nos connaissances et notre intelligence. Ce mode opératoire ne s'applique pas uniquement à des circonstances exceptionnelles, mais à chaque fois que nous devons agir, parler ou effectuer une quelconque action.

Le schéma ci-dessous illustre la mise en place de ce mécanisme, qui se reproduit à chaque action, parole, voire émotion :

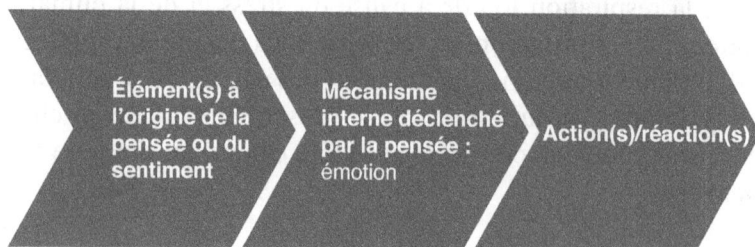

Élément(s) à l'origine de la pensée ou du sentiment	Mécanisme interne déclenché par la pensée : émotion	Action(s)/réaction(s)

- **Groupe 1 : passagers ayant peur de l'avion**

Pour les personnes du premier groupe, il est facile d'imaginer à quel point il leur a été difficile de vivre cette situation. Les raisons pour lesquelles elles craignent l'avion peuvent être diverses. On peut supposer que pour certains, cela est simplement lié au fait qu'ils n'aiment pas la sensation de vide. Pour d'autres, il peut s'agir du fait qu'ils aient une peur bleue de la mort, peur qui les pousse à imaginer le pire lorsque qu'ils se retrouvent à des milliers de kilomètres au-dessus du sol, notamment à cause des informations sur les crashs aériens qu'ils auraient pu entendre dans les médias. Ces deux cas sont juste des exemples, pour nous permettre de comprendre que cette catégorie de personnes était déjà prédisposée à avoir peur. Il y a fort à parier que dès les premières secousses, il ne leur en faut pas beaucoup pour que leur cœur s'emballe et que la frayeur et l'angoisse les gagnent.

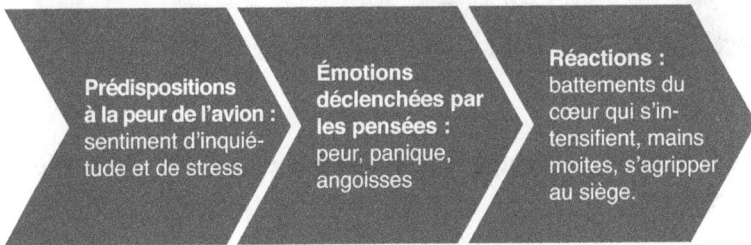

Prédispositions à la peur de l'avion : sentiment d'inquiétude et de stress → **Émotions déclenchées par les pensées :** peur, panique, angoisses → **Réactions :** battements du cœur qui s'intensifient, mains moites, s'agripper au siège.

- **Groupe 2 : passagers n'ayant pas peur de l'avion**

Le second groupe se compose des personnes qui, comme Jean-Marc et moi, n'ont généralement pas peur de l'avion. Cependant, étant donné le caractère exceptionnel de la situation, la peur a fini elle aussi par nous gagner. Nous n'avons cependant pas vécu cet épisode de la même manière que le premier groupe, parce que l'inquiétude est venue bien plus tard. Nous ne craignons pas l'avion, nous n'avons aucun problème de vertige, ni de souvenirs négatifs de vols qui se seraient mal terminés. Lorsque cela s'est produit, nous n'y avons même pas prêté attention dans un premier temps, trop heureux d'être en vacances. Néanmoins, lorsque les secousses se sont accentuées et que la situation a commencé à se dégrader, le doute a alors commencé à s'immiscer dans nos pensées, et chemin faisant, il a amené avec lui la crainte, puis la frayeur. Notre crainte a atteint son paroxysme lorsque nous avons entendu le cri de panique de l'hôtesse de l'air. Tout comme le premier groupe, nous avons fini nous aussi par être gagnés par la peur, mais bien que le mécanisme soit le même, l'interprétation des événements est différente.

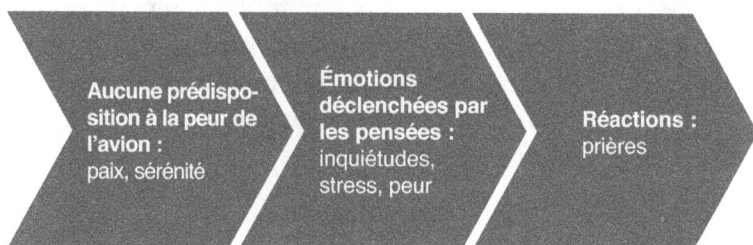

Aucune prédisposition à la peur de l'avion : paix, sérénité

Émotions déclenchées par les pensées : inquiétudes, stress, peur

Réactions : prières

- **Groupe 3 : passagers n'ayant pas eu peur pendant le vol**

Le troisième groupe se compose quant à lui de personnes qui n'ont pas eu peur pendant le vol. Il ne devait pas y en avoir beaucoup, selon moi. D'après vous, qui pourrait bien être dans ce groupe ? Les croyants, confiants que Dieu les délivrerait de cette mort imminente ? Les pilotes ? Des militaires ? Des parachutistes ? Des personnes téméraires ? Nous avons pu observer que l'hôtesse de l'air elle-même, pourtant préparée à réagir dans ce type de cas, a bien vite perdu ses moyens. Quelles que soient ces personnes, la présentation de leur profil nous aide à mieux comprendre pourquoi elles sont parvenues à garder leur calme, par rapport aux autres : elles pensaient tout simplement différemment.

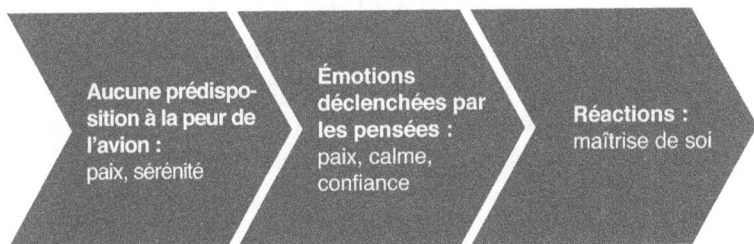

Aucune prédisposition à la peur de l'avion : paix, sérénité

Émotions déclenchées par les pensées : paix, calme, confiance

Réactions : maîtrise de soi

La classification des passagers en trois groupes met clairement en évidence le fait que face à la même situation, les réactions des uns et des autres ont été différentes, en fonction de la manière dont chacun a appréhendé les choses. Chaque personne a interprété ce qu'elle était en train de vivre, selon son propre mode de pensée. **Les pensées que nourrit une personne déterminent finalement qui elle est, ce qu'elle comprend et la raison pour laquelle elle agit ou réagit de telle manière.** Le mode de pensée d'une personne n'est pas le fruit du hasard, il découle lui aussi d'un mécanisme minutieux, comme nous venons de le voir.

• **Le système de pensée**

Alors, que représente exactement le système de pensée ? **Le système de pensée est le mécanisme permettant à un individu d'interpréter et d'interagir avec le monde à partir des schémas mentaux qu'il s'est construits tout au long de sa vie.** Chaque personne est unique et son parcours personnel, comme son système de pensée, le sont tout autant. **La parole est le langage du monde extérieur, tandis que la pensée est celui du monde intérieur.** Elle correspond aux idées, aux réflexions, aux images que l'être humain forme ou reçoit dans son for intérieur. Celles-ci sont alimentées par l'individu lui-même, au travers des préoccupations, des conversations, des aspirations, des émotions et des frustrations nées dans son environnement. Au fil des siècles, différents courants de pensées se sont affrontés sur la manière dont la pensée de l'Homme se crée. Aujourd'hui encore, leurs points de désaccords perdurent et ils sont bien loin d'avoir trouvé un consensus. On retrouve ainsi :

Les personnes qui croient que l'être humain n'est que matière et considèrent la pensée comme étant uniquement l'activité psychique du cerveau. Parmi elles se trouve la neurophilosophe américaine Patricia Churchland, qui a écrit :

« De plus en plus, la neuroscience est en train de transformer notre conception de ce que nous sommes. La force de l'évidence implique maintenant que c'est le cerveau, plutôt que des choses non physiques, qui ressent, pense et décide. Cela signifie qu'il n'y a pas d'âme qui tombe amoureuse. Nous tombons toujours amoureux certes, et la passion est toujours aussi réelle que jamais, mais la différence est que nous comprenons maintenant que ces sentiments se produisent dans le cerveau. Cela signifie qu'il n'y a pas d'âme pour passer l'éternité post-mortem au ciel ou misérable en enfer[1] ».

Les personnes qui croient que l'être humain est bien plus que de la matière perçoivent la pensée comme étant le dialogue intérieur de l'âme.

---

1. Patricia Churchland, « *Brain-wise: Studies in Neurophilosophy* », 2002, p.1.

• Notre système de pensée

L'être humain peut exprimer plusieurs visages « publics »
en fonction du contexte ou de son entourage, mais il n'a en
revanche qu'un seul visage intime, privé, qu'il ne dévoile
qu'à un cercle restreint, voire parfois même à personne. Cette
facette « intime » est celle qui se rapproche le plus de ce que
nous sommes réellement, sans artifice et sans faux-semblants,
ni mise en scène pour s'ajuster à l'autre. Notre attitude et notre
comportement ne sont qu'une infime représentation de ce qui
se trame en permanence dans notre tête, car nous ne cessons
de penser à longueur de journée. Ils sont le reflet de ce qu'il y
a à l'intérieur de nous, ou pour celui qui est gouverné par ses
émotions, de ses traits de caractère forts, de ses addictions, ou
de ce qui le domine. Nos pensées occupent un rôle primordial
dans notre vie, car nous en avons en moyenne entre 30 000 à
50 000 par jour. Celles qui sont dominantes et que nous nous
nourrissons chaque jour finissent par faire partie intégrante de
nous, et par conséquent par modeler notre personnalité.

Résumé :

• Les pensées que nourrit une personne déterminent finalement qui elle est, ce qu'elle comprend, et pourquoi elle agit ou réagit de telle manière.

• La parole est le langage du monde extérieur, tandis que la pensée est celui du monde intérieur.

• Le système de pensée est le mécanisme permettant à un individu d'interpréter et d'interagir avec le monde, à partir des schémas mentaux qu'il s'est construits tout au long de sa vie.

• Un grand nombre de scientifiques et de philosophes estiment que l'Homme n'est que le produit de l'évolution, alors que d'autres pensent qu'il relève de la Création. Les premiers considèrent que l'Homme est son cerveau, tandis que les seconds qu'il a un esprit et/ou une âme.

Questions :

• Quel genre de pensées nourrissez-vous au quotidien ? S'agit-il de pensées plutôt positives ou négatives ? Si vous avez tendance à nourrir des pensées négatives, pouvez-vous les noter et en expliquer les raisons ?

• En réalisant l'impact que les pensées et les émotions ont sur votre vie, quels sont les ajustements que vous pourriez faire pour devenir une meilleure personne ?

• Le témoignage de l'avion nous montre la puissance des pensées et des émotions. Contrôlez-vous vos pensées et vos émotions, ou êtes-vous au contraire dominé par elles ?

Chapitre 3 – La personnalité

La planète compte aujourd'hui un peu plus de sept milliards d'habitants, dont chacun se distingue principalement par ses caractéristiques biologiques et par sa personnalité. Un article de la chaîne d'information BBC datant de janvier 2017 relève sept aspects de l'être humain, qui le caractérisent et démontrent son unicité[1]. Il s'agirait de la forme des oreilles, l'odeur corporelle, la démarche, les fesses, le crâne, les ongles et les pores du nez. Ne trouvez-vous pas surprenant que sur sept milliards d'individus, des détails aussi infimes soient propres à chaque individu ? Cette singularité ne s'arrête pourtant pas uniquement au physique. Elle concerne également la personnalité de tout un chacun, qui est un savant mélange d'histoires, de rencontres et d'expériences. Complexe, elle se compose de ce qui est à la fois inné et acquis. L'inné correspond aux gènes, aux traits de caractère hérités des parents, tandis que l'acquis résulte de notre éducation familiale, de notre parcours scolaire, de notre culture, de l'influence de nos amis, de nos collègues et de bien d'autres facteurs encore. Une multitude d'acteurs interviennent à différents moments de notre vie, et chacun d'entre eux a une importance plus ou

---

1. Site internet : www.bbc.com, « *The seven ways you are totally unique* », article paru le 10 janvier 2017, (Source : http://www.bbc.com/future/story/20170109-the-seven-ways-you-are-totally-unique).

moins grande, mais j'aimerais que l'on puisse s'attarder sur quatre en particulier, car ils construisent les fondements sur lesquels s'appuient un bon nombre de nos convictions, de nos connaissances et de nos habitudes. Il s'agit de **la famille, de l'enseignement, de la société et des médias.** En les examinant de près, vous verrez que nos convictions ne doivent rien au hasard, mais qu'elles nous ont été transmises et enseignées pour la plupart, ou sont les conséquences de l'influence de notre environnement et l'héritage de notre culture.

1 - La famille

Le chanteur Maxime Le Forestier a écrit en 1988 une chanson intitulée : « Né quelque part ». Cette chanson débute par une phrase simple et pleine de vérité : *« On choisit pas ses parents, on choisit pas sa famille »*. Aucun nouveau-né n'est maître de l'endroit dans lequel il naît, ni même de celui dans lequel il sera élevé. Il ouvre les yeux un beau jour et se retrouve nez à nez avec celle qui l'a porté neuf mois durant. Si la naissance symbolise le bonheur pour la grande majorité des parents, elle représente parfois malheureusement tout le contraire pour bien d'autres, qui font le choix d'abandonner leur enfant qu'ils n'ont pas désiré, ou dont ils ne sont pas en mesure de prendre soin. Les conditions de vie dans lesquelles un enfant grandit et devient adulte sont bien différentes d'une famille, d'un pays, et d'une culture à une autre. Le rôle des parents est central, car ce sont eux qui créent l'atmosphère familiale. Celle-ci ne dépend pas du confort, ni même des moyens financiers (bien qu'ils facilitent grandement la qualité de vie), mais de l'amour, de la joie, de l'attention, de la cohésion, et des valeurs qui règnent au sein du foyer. Certains enfants ont la chance de grandir dans une famille aimante, attentionnée, propice à leur bien-être et à leur développement. D'autres, en revanche, subissent la violence verbale, physique, et l'indifférence. L'indifférence a parfois autant d'impacts négatifs dans la vie d'un individu que la violence verbale, voire même physique.

Le cadre familial joue un rôle fondamental dans le développement de l'enfant, car c'est le lieu où il construit et forge son identité, en recevant l'éducation, les valeurs, les principes, les croyances, les traditions et la culture de ses parents. Ils s'attachent également à lui enseigner les règles, les valeurs et les normes de la société, afin qu'il les intègre, et qu'en apprenant à les respecter il puisse vivre en harmonie avec celles et ceux qui l'entourent. Le rôle des parents est d'une grande importance, parce qu'ils servent tous deux d'exemple, à l'heure où l'enfant cherche des modèles de référence pour se construire. L'enfant ayant tendance à reproduire naturellement ce qu'il observe, les parents sont donc les premières sources d'inspiration, bonnes ou mauvaises, sur lesquelles il s'appuie pour se projeter dans l'avenir. La manière dont ils parlent, vivent et se comportent sont autant de détails qu'il enregistre dans un coin de sa tête et qui lui servent de fondements à partir desquels il comprend le monde qui l'entoure et analyse les informations qui lui sont transmises.

Le docteur Rick Rigsby donna un jour un discours durant une remise de diplômes universitaires. Pendant son allocution, il raconta comment son père, qui n'avait aucun diplôme, avait été un modèle pour lui et son frère, par son mode de vie, ses principes, son travail et sa discipline. Son père leur communiqua ses valeurs, et alors qu'ils s'attachèrent tous deux à les appliquer dans leur vie, cela leur permit de réussir et d'avoir chacun de brillantes carrières professionnelles. Lors de son allocution, il dit la chose suivante : « *J'ai quatre diplômes universitaires, mon frère est juge, mais nous ne sommes pourtant pas les plus intelligents de notre famille. Le plus intelligent est notre papa, qui a abandonné l'école en*

CE2.[2] *»* Rick Rigsby reconnaissait que la valeur de son père n'était pas dans ses diplômes, mais dans le modèle d'inspiration qu'il avait su être.

- **Conséquences des défaillances au niveau de l'environnement familial**

Lorsque l'environnement familial ne remplit pas pleinement son rôle, les enfants sont les premiers concernés. Aujourd'hui, les spécialistes doivent parfois faire face à des adolescents qui à l'âge de treize ans sont déjà multirécidivistes, ou à des jeunes filles qui se prostituent de leur plein gré pour de l'argent. Certains de ces jeunes sont pris en charge dans des structures spécialisées, dans l'espoir qu'en changeant d'environnement, ils puissent s'en sortir. Mais au bout d'un certain temps, certains d'entre eux fuguent et recommencent. Leur comportement n'étant que la partie émergée de l'iceberg, il est nécessaire de plonger le regard dans la partie immergée, pour analyser leur parcours, comprendre leur histoire et les événements qui les ont conduits à ce type d'agissements. En effet, dans ce genre de cas, le seul moyen efficace pour corriger le tir est de faire porter tous les efforts sur la compréhension des causes qui sont à l'origine de ces comportements, plutôt que sur les effets ou les symptômes eux-mêmes. En effet, ces derniers ne sont finalement qu'une conséquence ; les traiter ne serait pas efficace, car on ne s'attaquerait pas à la racine du problème. Un rapport du ministère de la Justice paru en 2013 fournit quelques chiffres sur la délinquance des mineurs en France :

---

2. Rick Rigsby, conférence universitaire, (Source : https://www.youtube.com/watch?v=Bg_Q7KYWG1g).

En 2013, la France comptait 14,6 millions de mineurs. Au cours de l'année, 234 000 mineurs ont été mis en cause dans des affaires pénales. 9% de ces mineurs avaient moins de 13 ans, 40% entre 13 et 15 ans inclus et 47% avaient 16 ou 17 ans. 83% étaient des garçons.

Le compte-rendu précise que plusieurs facteurs sont à prendre en compte pour en expliquer les raisons, notamment : *« l'échec scolaire, les difficultés socio-économiques, l'habitat dans des quartiers relégués, ainsi que la qualité du lien avec les parents et la capacité de vigilance parentale[3] ».*

• **L'importance de l'amour**

S'il est vrai qu'aucune famille n'est parfaite, elle reste néanmoins l'endroit privilégié où l'être humain reçoit de l'amour et apprend lui aussi à aimer, ce qui permet de construire des femmes et des hommes bien dans leur peau. L'équilibre émotionnel d'une personne dépend bien souvent de l'attention et de l'amour dont elle a bénéficié dans sa famille. Un adulte qui a reçu suffisamment d'amour durant sa jeunesse est capable, lui aussi, d'en donner à celles et ceux qui l'entourent, devenant alors des porteurs d'amour à leur tour. **Il n'y a rien de plus puissant sur la Terre que l'amour, et tout être humain en a désespérément besoin pour se sentir vivant.** Imaginez un instant une fleur sans soleil. Au bout d'un certain temps, elle finit par se dessécher, par perdre de son éclat et de sa beauté, et par mourir. Ainsi en est-il pour l'homme et la femme qui ne reçoivent pas d'amour. De la même manière qu'une terre desséchée crie après la pluie, le cœur de l'Homme aspire lui aussi à recevoir de l'amour. Selon vous, qu'adviendrait-il

---

3. Rapport du Ministère de la justice, « *La délinquance des mineurs* », paru en 2013, (Source : http://www.justice.gouv.fr/publication/o45_resume_2.pdf).

d'une société dans laquelle il n'y aurait plus d'amour ? Il ne faudrait pas attendre bien longtemps avant qu'elle ne devienne totalement invivable. Il n'y aurait alors ni valeurs, ni respect, ni entraide. Aucune civilisation ne peut subsister dans un tel climat, car l'absence d'amour est la haine, et la haine est le pire des maux. Le mot amour a de nos jours perdu tout son sens, car il se limite pour beaucoup uniquement aux relations physiques et amoureuses, mais il a une portée bien plus grande qui concerne tous les domaines de la vie. Il existe un seul mot dans la langue française pour amour, mais il y en a deux en anglais : *love* et *like*, et quatre dans le grec ancien. En anglais, le mot *love* s'emploie généralement pour exprimer des sentiments profonds, tandis que le mot *like* pour quelque chose ou quelqu'un que l'on apprécie. Les différentes significations en grec ancien sont bien plus parlantes, parce qu'elles expriment chacune une particularité de l'amour. Il y a « Phileo » qui correspond à l'amour amical, « Storgê » à l'amour familial, « Éros » à l'amour physique, et « Agapè » à l'amour inconditionnel.

Le socle d'une nation ne repose pas uniquement sur le respect de ses lois, de ses principes et de ses valeurs, comme on veut bien souvent le croire. Pour que la vie en communauté soit possible, et surtout agréable, il est nécessaire que chaque citoyen ait ne serait-ce qu'un minimum d'amour d'abord pour lui-même, puis pour les autres. Sans cela, la cohésion d'une société ne peut subsister. Enlevez l'amour, et vous verrez au bout d'un certain temps que les lois et les valeurs n'ont plus aucun effet. **Quand la police a pour charge le maintien de l'ordre, la famille s'occupe, elle, du maintien de l'amour au sein de la nation.** Cette approche peut sembler utopique parce qu'elle n'est pas directement visible, ni quantifiable, mais la bonne santé d'un pays dépend en tout premier lieu de la bonne santé de ses familles.

2 - L'enseignement

Tout dirigeant politique qui souhaite voir son pays se développer, prospérer et rayonner au-delà de ses frontières choisit d'investir dans l'enseignement, car il permet de former et de préparer les hommes et les femmes qui composeront la société de demain. Les pays développés y consacrent une part importante de leur budget, considérant qu'il est l'un des piliers centraux de la nation et de la politique de l'État. L'instruction a un tel pouvoir, que l'histoire nous enseigne que par le passé, plusieurs dirigeants n'ont pas hésité à l'instrumentaliser, dans le but de l'utiliser à des fins personnelles. C'est ainsi que certains régimes autoritaires, qui souhaitaient garder la mainmise sur leur pays en contrôlant les populations, modifièrent les programmes scolaires à leur avantage, en y faisant l'éloge de leurs idées et de leur personne. L'école était alors utilisée comme un moyen de propagande, pour ancrer leur idéologie dans l'esprit des plus jeunes et assurer ainsi la longévité de leur règne, en formatant le mode de pensée du peuple. En agissant de la sorte, lorsque les enfants devenaient adultes, ils continuaient à être soumis au pouvoir, parce qu'ils avaient intégré les thèses de ce dernier. C'est ce qui se produisit par exemple en Allemagne, avec Hitler et la création des jeunesses hitlériennes. Hitler mit en place une organisation qui avait pour objectif d'entraîner physiquement et militairement les jeunes de six à dix-huit ans, et de les instruire selon les théories du parti nazi. Cet endoctrinement avait pour but de formater les jeunes générations aux thèses hitlériennes, afin de maintenir une emprise sur eux et de les manipuler comme bon leur semblait. L'organisation dépassa les cinq millions de membres en 1936[4]. Ce fut également le cas avec Benito Mussolini, qui utilisa l'école pour diffuser son idéologie. Voici un extrait d'un livre d'histoire traitant du sujet :

« Mussolini, qui était le fils d'une institutrice et avait été lui-même instituteur, comprit qu'il fallait faire de l'école et notamment de l'école primaire, qui, dans une Italie où l'analphabétisme atteignait encore des taux élevés, était la seule à pouvoir être considérée comme « l'école du peuple », le lieu par excellence d'endoctrinement de l'enfance et de la jeunesse. Ce furent donc surtout les livres pour l'enseignement primaire auxquels allait être prêtée la plus haute importance, dans la mesure où c'étaient les seuls manuels, à propos desquels on pouvait parler d'une obligation effective, qui furent programmés et préparés sous les ordres des ministres et des hiérarques du parti national fasciste[5] ».

Ces quelques exemples nous montrent comment l'instruction et l'éducation qu'un individu reçoit déterminent finalement l'adulte qu'il devient. Ce n'est pas anodin si ces dictateurs utilisèrent le système scolaire comme instrument de propagande pour diffuser leurs idées, car comme nous l'avons abordé plus tôt, l'enfance et l'adolescence sont des étapes charnières dans la construction de l'identité d'un individu. Nous pourrions penser que ces méthodes sont derrière nous, mais des régimes politiques comme celui de la Corée du Nord nous montrent que ces procédés existent malheureusement encore de nos jours. Un article paru en 2014 dans Opinion Internationale nous présente la manière dont fonctionne le système scolaire en Corée du Nord : *« Le gouvernement*

---

4. Wikipédia, (source : https://fr.wikipedia.org/wiki/
Jeunesses_hitl%C3%A9riennes).
5. Mariella Colin, « *Les livres de lecture italiens pour l'école primaire sous le fascisme (1923-1943)* », p.57. (Source : https://histoire-education.revues.
org/2243).

nord-coréen ne cherche pas à développer l'esprit et l'auto-
nomie de ses enfants. Il cherche simplement à fabriquer des
clones dociles qui respecteront le régime. L'éducation n'est
là que pour leur apprendre à servir aveuglément la politique
de la dynastie Kim et éviter ainsi toute révolte.[6] » La volonté
du gouvernement nord-coréen est de garder la population ser-
vile et docile, en lui restreignant l'accès à la connaissance,
afin de maintenir le contrôle qu'il a sur elle. Si l'État prend
autant de précautions, c'est parce qu'il sait que l'accès à la
connaissance peut pousser le peuple à la révolte et à renverser
le pouvoir en place.

• **L'instruction ou l'éducation**

L'éducation s'attache au développement du savoir-être
et du savoir-vivre en adhérant à la culture, aux codes, aux
règles et aux valeurs morales. Le mot éducation vient du
latin *educatio,* du verbe *ducere,* qui signifie conduire et gui-
der. L'Académie française définit l'éducation comme étant
le fait de donner à l'enfant et à l'adolescent tous les soins
nécessaires pour le développement de ses facultés physiques,
intellectuelles et morales[7]. Cette responsabilité revient en premier lieu aux parents, puis au système scolaire. **L'instruction**
quant à elle, consiste à transmettre le savoir et la connaissance
à un individu. Instruire vient du latin *instruere*, qui signifie
bâtir. L'instruction permet ainsi de *bâtir* l'individu de l'intérieur en lui communiquant la connaissance dont il a besoin.
La distinction entre éducation et instruction fait souvent l'objet de débats, notamment à chaque fois que la question de

---

6. Guillaume Autere, « *Confession d'une jeune Nord-Coréenne* », article
paru le 20 novembre 2014, (Source : https://www.opinion-internationale.
com/2014/11/20/confessions-dune-jeune-nord-coreenne_31084.html).
7. Signification éditée par l'Académie Française, année 1986,
(Source : http://www.la-definition.fr/definition/eduquer).

la délimitation du rôle de l'école est posée. Il est intéressant de se rappeler qu'avant 1832 l'éducation nationale en France s'appelait instruction publique et que c'est à cette date qu'elle fut rebaptisée « *éducation nationale* ». Si le premier nom semblait mieux correspondre à la mission qui était la sienne, les historiens s'accordent tout de même à dire que son rôle ne se limitait pourtant pas à instruire, mais également à éduquer[8]. Le champ d'action de l'école s'est cependant bien élargi ces dernières années, notamment à cause de différents sujets de société dont elle a dû s'emparer.

- **L'école**

L'école publique et républicaine vise, à sa création, à émanciper les enfants de la pensée catholique. La loi de 1905 instaure la séparation de l'Église et de l'État. L'école devient alors laïque, publique et gratuite. Elle a pour vocation de transmettre et d'appliquer, je cite : « des valeurs républicaines, la laïcité, la citoyenneté, la culture de l'engagement et la lutte contre toutes les formes de discrimination ». Le désir de l'État est d'avoir des citoyens éclairés, instruits, libres de penser et d'établir un jugement par eux-mêmes, car la connaissance rend libre et l'école tend à appliquer ce principe. Le but premier de l'école est donc d'établir des bases saines et solides sur lesquelles l'enfant, l'adolescent puis plus tard l'adulte, s'appuiera pour bâtir sa réflexion et construira son système de pensée.

---

8. Claude Lelièvre, *« Un ministère d'abord de "l'Instruction publique"? Et un ministre à l'Éducation Nationale ? »*, Paru sur le site de Mediapart le 25 aout 2014.

Néanmoins, les barrières de l'Éducation Nationale se sont vues être de plus en plus floues, lorsqu'elle a eu à statuer sur des sujets remettant en cause l'éducation des parents eux-mêmes. En effet, les établissements scolaires doivent faire face à des phénomènes autrefois réservés à l'éducation au sein même de la famille, tels que : l'alcoolisme, la sexualité non maîtrisée véhiculée par la pornographie, la violence. Devant l'absence de communication au sein de certaines familles, l'École a donc été contrainte d'aborder ces thèmes considérés comme tabous chez certaines familles. C'est ainsi que l'école s'est retrouvée à éduquer sur certains sujets, en étant parfois même le seul interlocuteur. Si l'idée de départ est appréciable, il faut néanmoins faire très attention à ce que l'école ne devienne pas l'outil à tout faire. Cette tendance, Olivier Rey, chargé d'études et de recherche, la décrit très bien dans un article paru dans les cahiers pédagogiques. Il écrit :

« *Or, dès que la société est confrontée à une crise, on a tendance à avancer que l'école est la réponse avant même d'avoir précisément défini la question. Et on multiplie les « éducations à » dans les programmes, alimentées par des actions, au demeurant parfaitement louables et généreuses dans leurs intentions, mais conçues à l'extérieur de l'école ou à ses marges pour venir irriguer les acteurs éducatifs de kits, de dispositifs, de guides ou de mallettes sur tel ou tel problème sensible. Ce faisant, on oublie parfois un peu vite que l'enseignement est un métier et qu'il ne suffit pas de porter une cause pour disposer des compétences nécessaires à la formation et l'éducation des jeunes[9]* ».

---

9. Olivier Rey, « L'école face aux crises de société », (Source : http://www. cahiers-pedagogiques.com/L-ecole-face-aux-crises-de-societe).

3 - La société

Les parents et le système éducatif enseignent très tôt à l'enfant la nécessité de se conformer aux règles et aux principes de la société, s'il veut s'y intégrer et vivre en communauté. Les récalcitrants ne tardent pas à s'en retrouver exclus, et ne peuvent la réintégrer que s'ils en acceptent finalement les codes. La responsabilité revient donc au citoyen de s'adapter au système et non le contraire, car le poids qu'exerce la société est tel que même une personne dite anticonformiste doit accepter de s'accorder au moins sur certains points, si elle veut pouvoir vivre et travailler au sein de cette communauté. Les sociologues appellent ce principe la socialisation, le processus par lequel la société transmet à un individu la culture, les valeurs et les normes sociétales qui lui permettent d'y vivre, d'interagir au mieux avec son environnement et de construire son identité. Les sociologues distinguent deux types de socialisation : la socialisation primaire et secondaire. **La socialisation primaire** correspond aux périodes de l'enfance et de l'adolescence durant lesquelles l'individu construit sa personnalité et son identité. **La socialisation secondaire** quant à elle, commence à la fin de l'adolescence et dure tout au long de la vie. Durant la phase de socialisation primaire, les acteurs qui exercent une influence sont principalement la famille, l'école et les amis, tandis que pendant la socialisation secondaire, il s'agit plutôt des collègues, des amis et des personnes rencontrées dans les différents milieux sociaux, tels que les activités cultuelles, culturelles et sportives[10].

---

10. Site internet www.toupie.org, (Source : http://www.toupie.org/Dictionnaire/Socialisation_primaire_secondaire.htm).

• Le pouvoir de l'influence

Le mot influence est utilisé un peu partout aujourd'hui, que ce soit en leadership, en psychologie, en développement personnel, ou dans les médias, certains allant jusqu'à dire que nous sommes dans l'ère de l'influence. L'influence est la capacité à orienter l'opinion d'une personne ou d'un groupe, dans une certaine direction. Elle se traduit par exemple par le fait de suivre et d'adopter les idées d'une personne que l'on admire, parce qu'elle se distingue des autres par son état d'esprit, son talent, son intelligence, ou sa réussite. Prenons par exemple les « influenceurs » sur les réseaux sociaux. De nombreuses personnalités plus ou moins célèbres sont aujourd'hui qualifiées d'influenceurs sur les réseaux, simplement parce que leurs publications sur ces plateformes sont suffisamment suivies pour créer des tendances à partir de rien. C'est un phénomène nouveau, puisqu'avant ces réseaux, un influenceur était quelqu'un qui avait accompli des actions fortes ou laissé une œuvre importante aux générations futures (hommes ou femmes politiques, artistes, inventeurs, médecins, chercheurs, astronautes, Etc.). Désormais, on peut être influenceur à partir de rien... L'influence est bénéfique lorsque l'influenceur porte un message positif qui permet aux personnes de devenir meilleures, mais elle peut aussi être négative lorsque celui-ci est mauvais. C'est ainsi que des hommes et des femmes ont, par leurs accomplissements, influencé des générations, et continuent encore à le faire même bien longtemps après leur disparition.

- **L'influence de la culture**

Il est difficile pour une personne étrangère de comprendre un pays, si elle ne connaît pas la culture de ses habitants. L'UNESCO[11] définit la culture au sens large comme étant : « *L'ensemble des traits distinctifs, spirituels, matériels, intellectuels et affectifs, qui caractérisent une société ou un groupe social.* »[12] Les citoyens qui composent un pays viennent parfois de différents horizons géographiques, culturels et également sociaux, mais ce qui les unit les uns aux autres, c'est l'identité culturelle qu'ils ont en commun. Pour cette raison, **la culture est considérée comme étant l'identité du peuple.**

- **L'influence de l'environnement**

L'écrivain Myles Munroe relate dans l'un de ses livres une histoire que lui raconta un chef de village au Zimbabwe et qui le marqua tout particulièrement : Un jour, un berger tomba nez à nez avec un lionceau abandonné, alors qu'il faisait paître son troupeau de moutons. Pris d'affection, il l'emmena avec lui et le traita comme l'une de ses bêtes. Au bout de quinze mois, le jeune lion se comportait comme un mouton, il jouait et agissait comme eux. Il était devenu l'un des leurs. Un beau jour, alors qu'il jouait au bord du fleuve avec les moutons, un lion plus vieux apparut. Les moutons s'enfuirent en direction de la ferme, de peur d'être dévorés, et le jeune lion les suivit. Une semaine plus tard, alors qu'il se trouvait au bord du fleuve, le jeune lion tomba de nouveau face à face avec le vieux lion. Malheureusement, cette fois-ci, il n'eut pas suffisamment de

---

11. United Nations Educational, Scientific and Cultural Organization (Organisation des Nations Unies pour l'éducation, la science et la culture).
12. Wikipédia, définition de la culture, (Source : https://fr.wikipedia.org/wiki/Culture).

temps pour s'enfuir. Par instinct de survie, il tenta de hurler comme le vieux lion, mais le son qui sortit de sa gueule était celui d'un mouton et non pas celui d'un lion. À cause du temps passé au milieu des moutons, le jeune lion avait perdu son identité et était devenu semblable à eux. Il tenta de grogner une seconde fois, mais le résultat fut le même. Il réessaya une nouvelle fois et après plusieurs tentatives il réussit enfin à rugir comme un vrai lion. Le vieux lion se dirigea alors vers la forêt et du regard il invita le plus jeune à le suivre. Le jeune lion se retrouva subitement confronté à un dilemme : rester dans le confort et la sécurité de la ferme qu'il avait toujours connue, ou bien suivre le vieux lion et devenir le roi de la savane. Après un temps de réflexion, il décida de suivre son congénère et disparut avec lui dans la brousse.

Imaginez la scène un instant. Le lion est né pour être le roi de la savane : il en a le caractère, la puissance, l'élégance et la prestance. Pourtant, le temps qu'il passe à la ferme fait de lui un simple mouton. Il est très certainement heureux comme cela, car il a des amis, il mange à sa faim et il est protégé. Il n'est cependant pas celui qu'il doit être, en vivant une existence qui n'est pas du tout la sienne. Le paradoxe est qu'il n'en a d'ailleurs strictement aucune idée, étant donné qu'il n'a aucun de ses pairs à ses côtés pour en prendre conscience. Ses seuls modèles de référence sont les moutons qui l'entourent. Sa vie bascule le jour où son chemin croise celui de l'un de ses congénères et que ses yeux s'ouvrent comme par miracle. Au contact de l'autre lion, il se voit comme dans un miroir et prend enfin conscience de qui il est vraiment. Deux choix se présentent alors à lui, celui de rester avec ses amis, dans l'environnement dans lequel il a grandi et qu'il a toujours connu, ou bien tourner la page sur son passé, afin de pouvoir mieux entrer dans sa nouvelle vie, et revêtir enfin sa véritable identité.

Cette histoire a pour personnages principaux des animaux, mais transposons-la un instant dans notre monde moderne et imaginons que la ferme symbolise la société, que les règles et les codes représentent la culture, et les moutons la communauté. En ramenant ce récit à votre niveau, il vous oblige à vous mettre dans la peau du lion, ne serait-ce que quelques secondes, et à vous demander si comme lui vous êtes bien aujourd'hui la personne que vous devriez réellement être ? Laissez libre cours à votre imagination et faites remonter à la surface les choses qui brûlent, ou brûlaient auparavant au fond de votre cœur, mais que les aléas, la dureté et les contraintes de la vie ont éteintes. Qu'est-ce qui vous revient ? Quelles sont les désirs et les rêves que vous avez abandonnés et enfouis ?

Vous êtes né à une certaine époque, vous avez grandi dans un pays, avec sa culture, ses codes et ses principes. Vous avez été élevé soit par vos deux parents, soit par un seul, ou par un membre de votre famille, ou dans une institution d'État. Vous avez grandi dans un environnement bien particulier, et avez bénéficié d'une certaine éducation. Vos parents étaient aimants, bien intentionnés, à l'écoute, ils ont tout mis en œuvre pour votre bonheur, ou au contraire ils étaient indifférents, violents et méprisants. Ils étaient plutôt stricts, laxistes, ou conciliants, ils avaient une sensibilité politique libérale, socialiste, ou d'extrême droite ou gauche. Vous avez bénéficié d'un enseignement public, privé, ou à domicile. Le système scolaire vous a transmis la connaissance, inculqué les valeurs et les droits civiques de la société. Vous avez grandi dans une grande ville, une ville moyenne, ou un village. Vous avez été élevé dans une maison individuelle ou en appartement, dans un quartier paisible ou mouvementé. Vous avez fréquenté des camarades de classe, des copains du quartier, ou des amis en lien avec l'une de vos activités culturelles ou sportives. Vous étiez plutôt suiveur ou meneur. Vous avez appris un métier assez jeune ou vous avez suivi des études supérieures. Vous êtes chef d'entreprise, salarié, demandeur d'emploi, ou mère/père au foyer. Vous travaillez seul ou vous êtes entouré toute la journée de collègues. Vous avez voyagé à l'étranger ou vous n'avez jamais quitté la France. Vos proches amis sont dans la même catégorie socio-professionnelle que la vôtre ou dans une tout autre catégorie. Vous êtes célibataire, séparé, vous êtes un parent isolé, ou bien marié et avec des enfants.

Chacun de ces éléments a contribué et contribue encore, à plus ou moins différents niveaux, à faire de vous la personne que vous êtes aujourd'hui. Tel un puzzle, chacune des pièces est importante, parce qu'elles participent à dessiner votre profil. Elles se sont emboîtées les unes après les autres, année après année, certaines étant là depuis très longtemps, d'autres depuis peu. Certaines ont, à cause des expériences et des événements de la vie, été enlevées pour être remplacées par d'autres. Certaines pièces s'avèrent être cependant plus importantes que d'autres, car si elles étaient ôtées et remplacées, la trajectoire de votre vie serait alors tout à fait différente.

• **L'influence de l'entourage**

L'écrivain et conférencier *Jim Rohn* avait l'habitude de dire : « *Vous représentez la moyenne des cinq personnes que vous fréquentez le plus souvent.* » Il avait compris à quel point les personnes qui nous entourent ont le pouvoir d'influer sur notre caractère et notre mentalité. Quelle influence vos amis(es), vos collègues et votre famille ont-ils sur votre personnalité ? Les gens ne le réalisent pas toujours immédiatement, mais le ou les groupes sociaux auxquels ils appartiennent influencent ce qu'ils sont et ce qu'ils deviennent, car le groupe social réunit des individus autour de caractéristiques et de valeurs communes. Tout dépend bien entendu du groupe et de la place qu'ils lui accordent dans leur vie. Il y a ce que l'on appelle les groupes primaires, dans lesquels les relations entre les membres sont directes, comme la famille, les amis proches et les collègues. Et d'autre part les groupes secondaires, dans lesquels il y a moins de proximité, les relations étant essentiellement basées sur un intérêt commun, comme un groupe politique ou syndical. Chaque groupe a une identité propre, qui correspond pour ainsi dire à l'identité de l'ensemble des membres. Une personne qui souhaite intégrer un groupe doit donc en accepter les particularités et les règles. Certains adhèrent de manière totalement désintéressée, juste pour le plaisir d'être en relation avec d'autres, tandis que pour d'autres leur intérêt est porté sur le prestige, la notoriété et l'image qui en ressort. Dans ce cas, le sentiment d'appartenance au groupe leur procure une certaine identité sociale.

• L'influence des modes

Autrefois très mal considéré, le tatouage était réservé à certaines cultures, certains milieux, ou à des personnes marginales mises au ban de la société. Cette pratique a commencé à se démocratiser en France au milieu des années 1990. Au départ, il s'agissait de petits idéogrammes chinois, de citations, du prénom de son enfant ou de son/sa conjoint(e), du dessin de son animal préféré, ou d'un objet ou d'un symbole représentant son porte-bonheur. Les tout premiers tatouages avaient une taille raisonnable et ils étaient volontairement placés à un endroit discret du corps, parce qu'ils n'étaient pas très bien vus à l'époque, surtout selon le milieu social ou professionnel. Petit à petit, les stars du grand et du petit écran ont elles aussi adopté cette mode, ainsi que les artistes de musique, les sportifs et les personnes travaillant dans le milieu de la mode. Le tatouage qui était auparavant discret, est devenu alors beaucoup plus visible. Certains ont commencé par se faire tatouer le dos, l'épaule, le haut du bras, l'avant-bras, et pour certains ce fut tout le corps. L'influence que certaines stars ont sur leurs fans, ainsi que l'importance du relais médiatique, ont permis à cette mode de se démocratiser et de gagner une partie de la population. Il suffit de se promener dans les rues de New-York, Paris et Londres l'été, et d'observer le nombre de personnes tatouées.

Que nous montre cet exemple ? Il nous permet de comprendre comment un épiphénomène est capable de se propager et de toucher des milliers, voire des millions de personnes, à partir du moment où il est diffusé dans les médias, et surtout porté par des leaders d'opinion, des entreprises, des marques ou des entités qui ont une certaine influence.

4 - Les médias

Sous l'Empire romain, les voies de communication se limitaient aux routes et à la mer. L'information prenait donc un certain temps avant d'être acheminée. Les avancées technologiques ont, depuis, fait disparaître le délai d'attente, au point que la diffusion d'une information est quasi instantanée. La révolution numérique qui a pris place au début des années 1990 a fait entrer l'Homme dans ce que l'on appelle « l'ère de l'information ». Le nombre d'informations auxquelles est aujourd'hui exposée une personne a littéralement explosé. Nous sommes quotidiennement assaillis par une somme de données de toutes sortes, de toutes provenances, et véhiculées par différents supports. Une étude menée par une université américaine en Californie estime que si l'on compilait l'ensemble de ces informations et qu'on les mettait en forme pour les présenter au sein d'un journal, nous recevrions ainsi chaque jour l'équivalent de 174 journaux[13]. Les médias jouent bien entendu un rôle central dans ce gigantesque échiquier, puisqu'ils relayent l'information, mais également les valeurs, les modes, les mœurs et la culture de la société. Leur portée est telle qu'ils influencent non seulement la population, mais également ses dirigeants. Subtilement, ils peuvent faire infléchir le point de vue de telle ou telle personne, en fonction de la manière dont l'information est présentée.

Beaucoup de personnes considèrent qu'avoir du pouvoir signifie nécessairement d'être riche. La richesse offre certaines possibilités, certes, mais le pouvoir n'est pas tant dans la capacité d'être en mesure d'acquérir ce que l'on souhaite, mais plutôt dans le fait d'exercer une influence et une certaine autorité sur une ou plusieurs personnes. Le président d'un État a, par son statut et ses choix, une influence sur l'ensemble de la population ; il est pourtant (à l'exception de quelques pays) bien loin d'être le plus riche de la nation. Un leader d'opinion, une organisation, ou une marque qui est capable d'atteindre et d'influencer des masses, dispose d'un pouvoir bien supérieur à celui ou celle qui a de l'argent, car elle peut les amener à adopter le comportement ou la pensée qu'elle souhaite.

---

13. Richard Alleyne, « *Welcome to the information age – 174 newspapers a day* », The telegraph, 11 février 2011 (Source : https://www.telegraph.co.uk/news/science/science-news/8316534/Welcome-to-the-information-age-174-newspapers-a-day.html).

Résumé :

• **La famille** : Le cadre familial joue un rôle fondamental dans le développement de l'enfant, car c'est le lieu où il construit et forge son identité. **Il n'y a rien de plus puissant sur la Terre que l'amour, et tout être humain en a désespérément besoin pour se sentir vivant.**

• **L'éducation** s'attache au développement du savoir-être et du savoir-vivre, en adhérant à la culture, aux codes, aux règles et aux valeurs morales de notre société. **L'instruction**, quant à elle, consiste à transmettre le savoir et la connaissance à un individu.

• **La société** : L'UNESCO définit la culture, au sens large, comme étant : *« l'ensemble des traits distinctifs, spirituels, matériels, intellectuels et affectifs, qui caractérisent une société ou un groupe social. »* **La culture est l'identité du peuple.**

• **Les médias** : Les médias jouent un rôle central au sein de la société, parce qu'ils relaient l'information, mais également les valeurs, les modes, les mœurs et la culture de la société. Leur portée est telle qu'ils influencent non seulement la population, mais également ses dirigeants.

Questions :

- Quels sont les points importants que ce chapitre vous a permis de saisir concernant votre personnalité ?

- Qu'aimeriez-vous changer en vous ?

- Êtes-vous une personne authentique, c'est-à-dire la même à l'intérieur qu'à l'extérieur ? Si ce n'est pas le cas, quelles en sont les raisons ? Est-ce parce que vous n'aimez pas la personne que vous êtes, ou bien plutôt par souci de protection, pour masquer un mal-être, ou pour vous donner une apparence et être ainsi apprécié des autres ?

- Estimez-vous que l'environnement familial dans lequel vous avez grandi vous a permis d'être une personne épanouie ? Ou a-t-il eu au contraire des incidences négatives sur votre personnalité ?

- Quelles sont les particularités (les valeurs, les mœurs, les habitudes) que vous avez héritées de la société et dont vous souhaiteriez vous débarrasser ?

- Après avoir lu cette première partie, avez-vous le sentiment d'être véritablement aujourd'hui la personne que vous devriez être ? Sinon, quelles en sont les raisons ?

Cette première partie nous a permis de prendre la mesure du rôle que notre famille, notre éducation, notre culture, nos amis, nos expériences, notre époque, les médias, les tendances et la société ont dans notre construction personnelle. Leurs effets se situent, pour l'essentiel, au niveau de notre intellect, avec pour conséquence le façonnement de notre mode de pensée. Quand nous saisissons cela, nous réalisons à quel point il est capital de bien choisir les personnes ou les choses qui nous influencent de près ou de loin, car aucune d'entre elles n'est neutre. Elles ont le pouvoir de nous influencer et de nous changer, positivement ou négativement. Même le livre que vous tenez entre vos mains n'est pas neutre. Il renferme ma pensée et ma manière d'appréhender les choses. Si vous en acceptez le contenu, je serai alors parvenu à exercer une certaine influence sur vous. C'est la raison pour laquelle il est important de connaître les motivations qui poussent un auteur à écrire, ainsi que la ou les sources d'où il tire sa compréhension. **À chaque fois que nous acceptons une nouvelle idée, une nouvelle mode, un enseignement, une opinion, une croyance, une théorie ou un principe différent des nôtres, nous accordons à leur auteur la permission de construire, de remodeler, ou de changer notre propre point de vue, nos valeurs et nos idées.** Mais je tiens à vous rassurer, en vous précisant que mon intention à votre égard est bienveillante. Mon désir est de vous donner quelques clés que j'ai pu saisir pour ma propre vie, et ainsi peut-être vous faire gagner du temps. Il est important que je vous raconte une partie de mon histoire, pour que vous ayez une idée des choses qui m'ont plus ou moins influencées à différentes étapes de ma vie, et qui expliquent la personne que je suis aujourd'hui. Il vous sera ainsi plus facile de saisir les sources qui ont inspiré ce livre.

Durant toute ma jeunesse, j'avais pour habitude de me rendre chaque dimanche à l'église. À l'âge des choix, j'ai dû faire le mien, et j'ai préféré tourner le dos à Dieu et à tout ce qui y avait trait, estimant que ma vie sans Lui serait de loin bien meilleure. Je croyais en son existence, car je l'avais vu intervenir de manière concrète à plusieurs reprises dans ma vie et dans celle de mon entourage. Néanmoins, je considérais à l'époque que respecter les préceptes bibliques, à travers une vie pieuse, serait un obstacle à l'accomplissement des rêves et des promesses que me présentait alors la société. Lorsque j'étais adolescent, la société m'avait enseigné que le bonheur parfait se trouvait dans le fait de faire des études, de profiter à fond de la vie, d'avoir de bons revenus, une belle maison, une belle voiture, de voyager, d'accomplir ses rêves, d'être libre en vivant sans aucune contrainte. J'ai compris qu'il fallait réussir pour être apprécié, posséder des biens de valeur pour être vu, avoir une position sociale pour être respecté, de l'argent pour être heureux, et un certain pouvoir pour dominer. Cela n'est peut-être pas dit de manière aussi explicite, mais c'est le message qui est communiqué un peu partout, dans les publicités, les films et séries télévisées, les clips vidéo, les magazines et les émissions grand public. Ce message a pris de l'ampleur ces deux dernières décennies, notamment avec l'arrivée d'internet et des réseaux sociaux. Durant une quinzaine d'années environ, je me suis donc évertué à poursuivre les objectifs que la société m'avait présentés comme de prétendus critères de réussite et de bonheur. Bien qu'ayant atteint certains d'entre eux, je n'étais pas encore entièrement satisfait. Je continuais ma vie malgré tout sans tenir compte de ce qu'essayait de me dire mon cœur. Il tentait de m'alerter, pour me faire comprendre que je faisais fausse route, que tel un mirage dans le désert, la société m'avait elle aussi donné de fausses illusions. Il me fallut un arrêt forcé (suite à un épuisement physique), pour que je mette ma vie sur pause, et prenne enfin le temps de réfléchir. Vous connaissez la nature humaine : c'est lorsque l'on perd la maîtrise des choses que l'on se décide enfin à lever les yeux vers le ciel. Cette pause forcée m'obligea à lever les yeux vers le ciel, et à me rapprocher de nouveau de Dieu. Je réalisai alors que je m'étais trompé durant toutes ces années, en m'évertuant à courir après un bonheur éphémère.

Alors que j'étais persuadé d'être libre, par mon mode de vie, mes voyages, mes connaissances et mon instruction, je ne me doutais pas un seul instant qu'en me conformant à la société, j'en avais parfaitement épousé le moule. Mon libre arbitre n'était dès lors plus aussi libre que je le croyais, dans la mesure où certains des fondements sur lesquels je m'appuyais pour construire ma compréhension et mon jugement étaient ceux que m'avait inculqués la société. Le regard que je portais sur le monde se faisait essentiellement au travers du prisme que la société, ses différents acteurs et mon histoire personnelle avaient façonné. Il me fallut prendre du recul pour voir les choses avec une nouvelle perspective, celle de Dieu. Cela fut possible lorsque je commençai à réajuster mes pensées sur les Siennes. Cette confrontation entre mon système de pensée et Ses pensées me permit de mettre en lumière un certain nombre de choses qui ne me semblaient pas mauvaises auparavant, mais qui apparaissaient désormais comme des obstacles m'empêchant de me voir tel que Lui me voyait. Ces forteresses intellectuelles enfermaient ma pensée dans un certain type de raisonnements et me maintenaient prisonnier de la fausse représentation que j'avais toujours connue de moi. La lecture de la Bible m'aida peu à peu à déconstruire mes anciens schémas de pensée, en détruisant certains fondements et en reconstruisant de nouveaux, à partir de la pensée de Dieu. Ce renouvellement de ma pensée me permit progressivement d'être libre et de découvrir celui que j'étais réellement. Je compris alors que je m'étais trompé, concernant l'idée que j'avais de la vie et de moi-même, mais il était nécessaire que je comprenne certaines choses avant, pour le réaliser. C'est ce que j'aimerais vous faire découvrir dans cette seconde partie.

DEUXIÈME PARTIE

L'identité selon Dieu

Chapitre 4 – L'Homme selon Dieu

L'Homme est-il seulement un être vivant constitué de chair et de sang ? La Bible affirme qu'il est bien plus que cela, il est en réalité un être spirituel. Les deux approches sont à prendre en considération, car la conscience qu'une personne a d'elle-même diffère, selon qu'elle croit être le résultat du hasard et de la théorie de l'évolution, ou de la volonté de Dieu. Un article paru dans le journal *Le Monde* en 2015 révèle que la France est l'un des pays les plus athées au monde. Elle occupe la quatrième place derrière la République Tchèque, le Japon et la Chine. Un sondage commandé par la Commission européenne en 2010 précise en effet que près de 40% des français se considèrent athées et qu'environ un tiers croit en un esprit ou une force supérieure[1]. Je crois pour ma part que l'être humain a été créé par Dieu, et que c'est Lui qui lui attribue son identité. Par conséquent, toute personne qui souhaite connaître sa véritable identité n'a pas d'autre choix que de se rapprocher du Créateur, pour qu'Il lui révèle qui elle est et ce à quoi Il l'a destinée. En d'autres termes, une personne qui ne connaît pas Dieu ou ne croit pas en Lui ne peut devenir par

---

1. Leila Marchand, Le Monde, « *Plus de la moitié des Français ne se réclament d'aucune religion* », paru le 07 mai 2015, (Source : http://www.lemonde.fr/les-decodeurs/article/2015/05/07/une-grande-majorite-de-francais-ne-se-reclament-d-aucune-religion_4629612_4355770.html).

elle-même l'homme ou la femme que Dieu a créé. Retournons à la genèse, là où tout a commencé, pour comprendre quelle était la pensée de Dieu à la Création.

• **Origines**

À la tombée de la nuit, le roi David aimait se retirer à l'écart du bruit et de l'agitation du palais et prendre sa harpe pour composer des mélodies et des psaumes en contemplant le ciel étoilé. En observant ce spectacle, il était subjugué par la grandeur et la magnificence de Dieu. Dans l'un de ses psaumes, il écrit : *« Je te loue de ce que je suis une créature si merveilleuse. Tes œuvres sont admirables, et mon âme le reconnaît bien. »* (Psaumes 139:14). Au travers de cette simple phrase, il reconnait que l'être humain est une créature spéciale, dotée de capacités exceptionnelles. La Bible nous relate dans le premier livre de la Genèse comment Dieu créa l'Homme. Il prit la poussière de la terre, lui façonna un corps, et insuffla le souffle de vie en lui. Voici ce qu'il est écrit : *« L'Éternel Dieu façonna l'homme avec la poussière de la terre. Il insuffla un souffle de vie dans ses narines et l'homme devint **un être vivant**. »* (Genèse 2:7). D'autres traductions[2] ont privilégié la terminologie suivante : *« L'homme devint **une âme vivante**. ».* L'Homme est un être tripartite, **il <u>est</u> esprit, il <u>a</u> une âme, et il <u>vit</u> dans un corps**. L'esprit est l'élément vital du corps, c'est la partie la plus intime de l'être humain, il est encapsulé dans l'âme. L'apôtre Paul, qui avait bien connaissance de cela, achève sa première lettre aux Thessaloniciens avec cette salutation : *« Que le Dieu de paix vous sanctifie lui-même tout*

---

2. Version Darby.

*entiers, **et que tout votre être, l'esprit, l'âme et le corps**, soit conservé irrépréhensible, lors de l'avènement de notre Seigneur Jésus-Christ !³ ».*

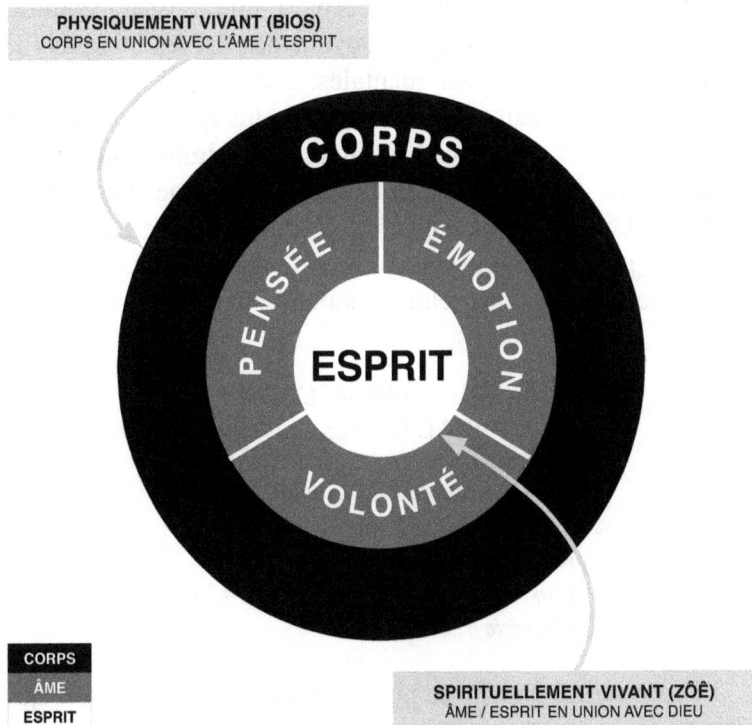

PHYSIQUEMENT VIVANT (BIOS)
CORPS EN UNION AVEC L'ÂME / L'ESPRIT

CORPS
PENSÉE
ÉMOTION
ESPRIT
VOLONTÉ

CORPS
ÂME
ESPRIT

SPIRITUELLEMENT VIVANT (ZÔÊ)
ÂME / ESPRIT EN UNION AVEC DIEU

L'esprit comprend la conscience, l'intuition et la communion[4]. Il permet d'établir la communication avec Dieu. **L'âme** comprend l'intelligence, les sentiments et la volonté. Elle est le siège des pensées, des émotions et de la mémoire, et le

3. 1 Thessaloniciens 5:23.
4. L'homme spirituel, Watchman Nee, p.20.

trait d'union entre l'esprit et le corps. Elle est l'entité même de l'être humain[5]. **Le corps,** quant à lui, permet d'interagir avec le monde physique, notamment au travers des cinq sens. Cette approche de l'esprit et de l'âme ne remet aucunement en question le rôle du cerveau. Bien au contraire, il est considéré comme la tour de contrôle du corps, l'âme agissant comme une sorte de logiciel en lui envoyant des ordres auxquels il répond par des opérations mentales. L'être humain n'est pas une créature ordinaire. La Bible dit de lui qu'il a été créé à *l'image* et en *ressemblance* à Dieu. À l'origine, Dieu s'est donc inspiré de Lui-même pour créer l'Homme. Dieu étant Esprit, Il fait l'Homme esprit, en le dotant d'une enveloppe charnelle pour interagir avec le monde physique. Le premier livre de la Genèse nous relate comment cela s'est produit :

> *Faisons l'homme **('Adam)** à notre image **('Tselem)**, selon notre ressemblance, et qu'il domine sur les poissons de la mer, sur les oiseaux du ciel, sur le bétail, sur toute la terre, et sur tous les reptiles qui rampent sur la terre. »* (Genèse 1:27)

Le mot utilisé en hébreu pour « image » est « tselem », qui signifie image, mais également ombre. J'explique dans mon ouvrage « La révélation des fils de Dieu » que : « L'homme et la femme qui souhaitent découvrir leur identité doivent au préalable se rapprocher à nouveau de la source, afin de la refléter pleinement et redevenir ainsi l'ombre de Dieu. Plus ils en sont éloignés, et moins ils Lui ressemblent et reçoivent de Sa lumière, et donc de Sa vie. Plus ils en sont proches, et

---

5. Watchman Nee, *L'Homme spirituel*, 1968, p.21 à 23.

plus ils découvrent qui ils sont en Lui[6]». Le mot hébreu utilisé pour « Homme » est _**Adam**_, qui signifie être humain, genre humain. Le mot _humain_ vient quant à lui du latin _humanus_ tiré d'_humus_[7], qui signifie terre. La terre d'où il a été tiré porte elle le nom d'_**Adamah**_. La ressemblance entre _Adam_ et _Adamah_ établit un lien fort entre l'Homme et la terre. On retrouve le mot _**Adamah**_ lorsque Dieu forme l'Homme :

> _L'Éternel Dieu forma l'homme (**'Adam**) de la poussière de la terre (**'Adamah**), il souffla dans ses narines un souffle de vie et l'homme devint un être vivant._
> _(Genèse 2:7)_

En revanche, à partir du moment où Dieu crée la femme, les Écritures marquent une différence entre l'Homme genre humain et l'homme mâle. La traduction française ne montre pas cette subtilité de langage puisqu'elle continue d'employer le mot « homme », mais le texte hébraïque fait bien la distinction en utilisant le mot _**Adam**_ pour l'être humain et le mot _**Iysh**_ pour homme (mâle). Le mot utilisé pour la femme est _**Ishshah**_ qui montre bien ce lien fort qui unit l'homme et la femme[8]. Cette subtilité apparaît après que Dieu a créé la femme, dans le livre de la Genèse au chapitre 2, du verset 21 à 24 :

---

6. Pascal Malonda, « La révélation des fils de Dieu », 2016, p.166.
7. Google, étymologie latin, grec (Source : https://sites.google.com/site/etymologielatingrec/home/h/homme).
8. Marg Mowczko, « The Human (Ha'adam), Man (Ish) and Woman (Ishshah) in Genesis 2 », (Source : http://margmowczko.com/human-man-woman-genesis-2.)

*Alors l'Éternel Dieu fit tomber un profond sommeil sur l'homme (**'Adam**), qui s'endormit ; il prit une de ses côtes, et referma la chair à sa place. L'Éternel Dieu forma une femme (**'Ishshah**) de la côte qu'il avait prise de l'homme (**'Adam**), et il l'amena vers l'homme (**'Adam**). Et l'homme (**'Adam**) dit : Voici cette fois celle qui est os de mes os et chair de ma chair ! On l'appellera femme, parce qu'elle a été prise de l'homme (**'Iysh**). C'est pourquoi l'homme (**'Iysh**) quittera son père et sa mère, et s'attachera à sa femme (**'Ishshah**), et ils deviendront une seule chair.*

La Bible définit les deux premiers humains (Adam et Ève) comme deux êtres en parfaite harmonie avec leur Créateur. Cette relation avec Dieu leur permettait de connaître leur identité et leur rôle sur cette Terre. Leurs pensées étant en accord parfait avec celles de Dieu, la paix et le bonheur régnaient sur Terre. L'être humain vivait alors dans la paix, l'amour, et jouissait d'un bonheur incommensurable. Il n'y avait alors ni violence, ni guerres, ni maladies, ni souffrance, ni peur, ni famine, ni pauvreté, le paradis régnait sur Terre. Tout a basculé le jour où la volonté de l'être humain s'est opposée à celle de Dieu et qu'un venin mortel est entré dans son cœur, corrompant ses pensées. L'intimité tissée avec Dieu prit alors fin. Livré à lui-même, les pensées de son cœur ne cessent depuis ce jour de se diriger vers le mal[9]. Les maux qui

---

9. « L'Éternel vit que la méchanceté des hommes était grande sur la terre, et que toutes les pensées de leur cœur se portaient chaque jour uniquement vers le mal. » (Genèse 6:5)

frappent notre société ont pour origine cette journée fatidique durant laquelle la pensée de l'Homme a été corrompue. De ce fait, le seul moyen pour lui de connaître son rôle sur la Terre et d'être pleinement heureux est de retrouver sa communion originelle avec son Créateur.

Résumé :

- L'Homme est un être tripartite, **il est esprit, il a une âme et il vit dans un corps.**

- **L'esprit** comprend la conscience, l'intuition et la communion. Il permet d'établir la communication avec Dieu.

- **L'âme** comprend l'intelligence, les sentiments et la volonté. Elle est le siège des pensées, des émotions et de la mémoire, et le trait d'union entre l'esprit et le corps. Elle est l'entité même de l'être humain.

- **Le corps,** quant à lui, permet d'interagir avec le monde physique, notamment au travers des cinq sens.

Chapitre 5 – L'Homme naturel
et l'Homme spirituel

Plusieurs études pratiquées sur des nouveau-nés révèlent que l'être humain naît avec un sens inné de la moralité. Paul Bloom, professeur en psychologie à Yale University et auteur du livre : *« Just babies : The origin of the good and evil »* a écrit à ce sujet : *« Les bébés possèdent certains fondements moraux, la capacité et la volonté de juger les actions des autres, un certain sens de la justice, des réactions instinctives à l'altruisme et à la méchanceté. »*[1] Ce que Paul Bloom qualifie de « sens inné de la moralité », la Bible nous apprend que c'est Dieu qui l'a inscrit dans la conscience de chaque homme et de chaque femme, afin qu'ils soient en mesure de juger par eux-mêmes de ce qui est bien et de ce qui est mal. Toute personne naît avec cette conscience, ce qui lui permet d'obéir instinctivement à ses principes les plus élémentaires, comme l'indique le verset biblique suivant :

---

1. Paul Bloom, « *The Moral Life of Babies* », (Source : http://www.nytimes.com/2010/05/09/magazine/09babies-t.html).

Ils [Les païens][2] démontrent par leur comportement que *l'essence de la loi est gravée dans leur cœur. Leur conscience et leur discernement moral en témoignent : de là ces raisonnements par lesquels on se cherche des excuses,* **ces pensées qui tantôt accusent, tantôt absolvent** *; de là aussi ces jugements qui approuvent ou condamnent la conduite d'autrui.*
(Romains 2:14)[3]

Cette connaissance naturelle du bien et du mal permet à chacun de respecter le cadre qui est bon pour lui, mais également pour les autres. Quand on y déroge, on est rappelé à l'ordre par notre propre conscience, qui nous corrige afin de continuer de bénéficier de la protection que lui offre ce cadre. Tout au long de sa vie, l'être humain définit par lui-même une échelle de valeurs (du bien et du mal) qui lui est propre. Celle-ci s'appuie bien entendu sur l'éducation, l'instruction, ainsi que les règles et les principes qui lui ont été inculqués par la société. Lorsque l'enfant grandit et que certaines valeurs portées par l'un de ces acteurs sont contraires aux siennes, une lutte intérieure commence alors à prendre place en lui, parce qu'elles viennent se heurter à celles qui sont déjà existantes dans sa conscience. Ce conflit ne prend fin que lorsque l'individu aura lui-même établi son propre choix. Si celui-ci est en accord avec sa conscience, une paix intérieure prend place en lui, mais s'il est en désaccord, la petite voix de sa conscience se fera entendre comme un avertissement pour lui rappeler la bonne marche à suivre. S'il s'obstine malgré tout, et cela

---

2. Le terme païen est souvent employé pour désigner ceux qui sont athées ou idolâtres. (Source : http://eglise.catholique.fr/glossaire/paien/).
3. Version Parole vivante.

à plusieurs reprises, ou s'il a grandi dans un cadre qui banalise un certain type de mauvais comportements, la voix de sa conscience finira par devenir silencieuse, parce qu'il aura fait le choix volontaire de remplacer sa conscience naturelle par ses propres règles et sa propre vision des choses. L'erreur que commettent beaucoup de personnes est de croire qu'elles sont libres de faire ce que bon leur semble, sans que cela n'ait de conséquences sur leur vie. L'auteur Derek Prince a dit un jour : « *Les gens parlent de détruire les lois de Dieu, mais ce n'est pas vrai. Nous ne pouvons pas détruire les lois de Dieu, ce sont les lois de Dieu qui nous détruisent, si nous ne les respectons pas.[4]* »

De la même manière qu'il existe des lois physiques et mathématiques, il existe également des lois spirituelles. Ces lois régulent l'équilibre de notre monde et de tout ce qui le constitue. Nous n'avons pas la capacité de comprendre tout son fonctionnement. La preuve en est que la science continue de découvrir constamment de nouvelles choses. Seul le Créateur, qui est au-dessus de tout, peut connaître et comprendre les prescriptions et les indications qu'Il a données à l'Homme. Elles existent non pour l'emprisonner, mais pour le protéger, au même titre qu'un père et une mère se tiennent aux côtés de leur enfant lorsqu'il apprend à marcher pour qu'il ne tombe pas et ne se blesse pas. Les règles et les principes que Dieu a voulus pour l'être humain et qui apparaissent pour plusieurs comme liberticides, s'avèrent être en réalité une protection, car Il connait sa création et sait ce qui est bon pour elle. Dieu est amour et ses pensées envers les humains ont toujours été celles d'un bon Père envers ses enfants. Elles ont pour objectif de leur assurer la santé, la paix, la joie, la réussite, le bien vivre, et par-dessus tout, la vraie liberté. La liberté

---

4. Derek Prince, « *Don't give up!* », Source : (https://www.youtube.com/watch?v=liSM3sYRvFQ&t=245s), à partir de 6:18 minutes.

de l'Homme selon Dieu consiste à avoir ses pensées ajustées sur celles de son Créateur, car cela lui garantit un futur et une paix.

1 - L'Homme naturel

L'homme et la femme naturels construisent leur entendement à partir d'éléments rationnels, une place infime étant laissée au spirituel, au travers de leur conscience et de leur intuition. Leur vie est dirigée essentiellement par leurs raisonnements, leurs pensées, leurs émotions et leur environnement. L'apôtre Paul utilise d'ailleurs l'expression « *charnel* », dont le mot original grec correspondant est *sarkikos*, qui signifie : « Gouverné par la simple nature humaine, et non par l'esprit de Dieu »[5], pour les désigner. Le corps humain joue le rôle d'intermédiaire entre le monde extérieur et intérieur au travers des cinq sens. La vue, l'ouïe, le toucher, l'odorat et le goût reçoivent des quantités impressionnantes d'informations qu'ils transmettent à l'âme, qui se charge de les traiter et de les interpréter. Selon leur utilité et leur importance, elle les convertit sous forme de pensées intelligibles. L'émission d'une pensée entraîne deux possibilités. La première consiste à rester uniquement au stade de l'information, du fait du peu d'intérêt qu'elle contient, ce qui a pour conséquence qu'elle s'évapore. La seconde prend en compte la pensée émise, en l'enregistrant dans l'intellect et en entraînant une action, une parole, une réflexion ou une émotion. Lorsque la même pensée revient à plusieurs reprises et que l'individu la prend à chaque fois en considération, elle finit par s'installer et créer une habitude. Une habitude prend place lorsqu'une pensée fait partie intégrante du monde intérieur, du fait qu'elle n'a plus besoin

---

5. Définition « *Sarkikos* » (Source : https://www.enseignemoi.com/bible/strong-biblique-grec-sarkikos-4559.html).

d'être traitée, ni interprétée comme les autres. Ainsi, à chaque fois qu'elle se représente de nouveau, elle déclenche de façon quasi automatique le comportement, la parole, l'émotion ou l'attitude qui y est associée. Cela explique certaines de nos émotions. Pourquoi certaines personnes sont naturellement optimistes, alors que d'autres sont constamment paralysées par la peur, ou dominées par la jalousie ou la colère.

Le corps humain laisse passer tout ce qu'il entend, voit et perçoit, sans effectuer le moindre contrôle, car ce rôle de traitement et de sélection revient principalement à l'âme. Ainsi, tout ce que vous écoutez, regardez et touchez, entre, s'installe et demeure en vous si vous lui laissez le libre accès. L'influence du monde extérieur est telle que si vous ne prenez pas soin de sélectionner le flot d'informations que vous recevez quotidiennement, celles-ci finissent par dicter ce que vous croyez, pensez et devenez. Votre âme étant sans cesse en proie à toutes sortes d'informations, elle doit analyser ce qu'elle choisit de garder ou pas. Le tri s'effectue en fonction de critères personnels tels que vos valeurs, votre éducation, vos expériences, vos convictions, votre culture, vos succès et vos défaites, vos envies et vos peurs, vos rêves et vos passions. Il s'effectue également à partir de critères qui, cette fois-ci, vous sont beaucoup moins personnels, mais que vous avez intégrés parce qu'ils font partie de la société. Vous avez un devoir de vous y soumettre car ils sont communs à l'ensemble des citoyens. Il peut s'agir des lois, des mœurs, des valeurs et des codes de vie partagés par la communauté. Les éléments que vous avez intégrés vous servent de paramètres à partir desquels vous sélectionnez parmi le flot innombrable d'informations ce que vous devez garder ou mettre de côté, ce que vous pouvez ou ne pouvez pas faire, ce que vous jugez bien ou mal. Votre appréciation définitive se construit donc à partir de vos propres critères, de ceux inculqués par la société, ainsi que de ceux inscrits dans votre conscience.

2 - L'Homme spirituel

Nous avons vu précédemment que l'Homme est esprit, qu'il a une âme, et qu'il vit dans un corps. Le mot hébreu utilisé pour l'âme est *nephesh*, qui signifie « être vivant, être intérieur ». **L'âme correspond donc à la personnalité.** L'esprit est la partie la plus intime de l'être humain, il est encapsulé dans l'âme, il ne peut par conséquent communiquer avec le monde extérieur qu'en passant par l'âme. L'âme occupe une position centrale dans cette tri-unité (esprit-âme-corps), en jouant le rôle de chef d'orchestre entre le corps et l'esprit. L'âme appartient à la fois au monde visible et invisible, car elle communique tantôt avec l'esprit, tantôt avec le corps. Le Créateur a vêtu l'Homme d'une enveloppe charnelle, afin qu'il puisse interagir avec le monde physique. Comme tout élément physique, le corps humain a lui aussi un début, mais également une fin. Il dispose d'une durée de vie limitée, contrairement à l'esprit, qui est éternel. Le jour où notre corps meurt, notre esprit quitte alors sa demeure terrestre pour se diriger vers sa destination finale. De la même manière que l'identité d'un individu lui octroie des droits pour accéder et résider librement dans son pays de domiciliation, ainsi en est-il dans le spirituel. L'identité qu'acquiert le citoyen terrestre durant sa vie détermine de fait le lieu de sa résidence éternelle. Vous en conviendrez, personne ne peut s'inviter chez un inconnu et lui imposer sa présence sans lui avoir au préalable demandé l'hospitalité. De même en est-il pour l'être humain lorsqu'il meurt. Il ne peut accéder à l'éternité avec Dieu que s'il l'a connu et accepté auparavant.

Ce changement d'identité s'opère dans la vie des hommes et des femmes qui, à un moment donné de leur existence, ont eu une rencontre particulière avec Dieu, et qui peuvent témoigner que quelque chose de tangible s'est produit. Ce jour-là, leurs yeux se sont en quelque sorte ouverts, et ils ont soudainement eu la certitude que Dieu est vivant. Ce qu'ils n'avaient jamais appréhendé auparavant est tout à coup devenu limpide, comme une évidence. Cette ferme conviction les a conduits à reconnaître Jésus comme étant le Messie, le Fils de Dieu, et à le confesser d'un cœur sincère. Il s'est produit alors LE miracle le plus extraordinaire qui puisse se passer dans la vie d'un être humain. La Bible appelle cela : **la nouvelle naissance**[6]. Elle se traduit par **la régénération de l'esprit**. Voyons un passage de la Bible qui explique cela :

> Mais, lorsque la bonté de Dieu notre Sauveur et son amour pour les hommes ont été manifestés, il nous a sauvés, non à cause des œuvres de justice que nous aurions faites, mais selon sa miséricorde, **par le baptême de la régénération et le renouvellement du Saint Esprit**. Il l'a répandu sur nous avec abondance par Jésus Christ notre Sauveur, afin que, justifiés par sa grâce, nous devenions, en espérance, héritiers de la vie éternelle. (Tite 3:4-7)

Le mot grec qui est utilisé pour « régénération » est *palig-genesia*, qui signifie : « nouvelle naissance, renouvellement, re-création, régénération. Ce mot est également utilisé pour dénoter la restauration d'une chose à son état d'origine, sa

---

6. La nouvelle naissance est effective pour toute personne qui confesse de sa bouche qu'elle accepte Jésus-Christ comme son Seigneur et Sauveur et qu'elle Lui donne accès à sa vie. L'apôtre Paul a dit : « Si tu confesses de ta bouche le Seigneur Jésus, et si tu crois dans ton cœur que Dieu l'a ressuscité des morts, tu seras sauvé » (Romain 10:9). (Source : *La révélation des fils de Dieu*, Pascal Malonda)

rénovation.[7] » L'esprit de l'homme qui était étranger aux choses de Dieu, car spirituellement mort depuis la désobéissance d'Adam et Ève, reprend soudainement vie. Cette confession invite l'Esprit de Dieu à venir habiter dans son esprit, ce qui le récrée instantanément. Voici ce que dit la Bible : *« Je vous donnerai un cœur nouveau et je mettrai en vous un esprit nouveau. Je retirerai de votre corps le cœur de pierre et je vous donnerai un cœur de chair »* (Ézéchiel 36:26). La nouvelle naissance rétablit ainsi l'homme et la femme qui en sont l'objet, dans leur position initiale de fils et de fille de Dieu, comme ils l'étaient à la création. Au commencement, ils pensaient, parlaient et se comportaient comme le Créateur le souhaitait, car leur cœur était en parfaite harmonie avec sa pensée.

• **Les fils et les filles de Dieu**

Il est important de bien faire la distinction entre un croyant et un enfant de Dieu. La Bible appelle « enfant de Dieu » les personnes dont l'esprit a été recréé par la puissance du Saint-Esprit. Le Saint-Esprit demeure désormais dans leur esprit, ce qui lui permet de pouvoir communiquer avec Dieu. La vie de l'enfant de Dieu n'est alors plus dirigée uniquement par ses cinq sens, ses émotions, son environnement ou ses raisonnements humains, comme peuvent l'être l'homme et la femme naturels (c'est-à-dire ceux qui n'ont pas fait de rencontre personnelle avec Dieu), mais également par la voix de Dieu. Ce privilège est réservé aux enfants de Dieu, comme a pu l'écrire l'apôtre Paul dans sa lettre aux Romains : *« Car tous ceux qui sont conduits par l'Esprit de Dieu sont fils de Dieu »* (Romains 8:14).

---

7. Définition « *paliggenesia* », (Source : https://emcitv.com/bible/strong-biblique-grec-paliggenesia-3824.html).

Regardez les schémas suivant pour bien comprendre ce qui distingue une personne née de nouveau, de celle qui ne l'est pas.

Schéma 1. Personne qui n'est pas née de nouveau

Personnalité (âme) **+** Conscience (esprit) **=** Identité personnelle

Le premier schéma représente une personne qui ne connaît pas Dieu. L'image qu'elle a d'elle-même est principalement basée sur ce que la société et ses différents acteurs lui ont communiqué, ainsi que sur ses rencontres et ses expériences personnelles. Dieu peut lui parler au travers de son esprit par des intuitions et par des rêves, mais cela ne lui permet pas de connaître Dieu, ni de savoir qui elle est vraiment.

Schéma 2. Personne qui est née de nouveau

Personnalité (âme) **+** Conscience + Pensée de Dieu (esprit) **=** Identité personnelle

Le second schéma représente une personne qui est née de nouveau. La perspective qu'elle a de Dieu et d'elle-même est différente, parce qu'elle est influencée par le Saint-Esprit qui demeure en elle, et qui lui communique ainsi la pensée de Dieu. Voici ce que les Écritures disent à ce sujet :

Lequel des hommes, en effet, connaît les choses de l'homme, si ce n'est l'esprit de l'homme qui est en lui ? **De même, personne ne connaît les choses de Dieu, si ce n'est l'Esprit de Dieu.** Or nous, nous n'avons pas reçu l'esprit du monde, mais l'Esprit qui vient de Dieu, afin que nous connaissions les choses que Dieu nous a données par sa grâce. (1 Corinthiens 2:11-12)

Les premières années de marche avec Dieu ne sont néanmoins pas si simples que cela, car une lutte prend place entre l'esprit régénéré et l'âme, qui elle ne l'est pas. Lorsque l'esprit régénéré est naturellement attiré vers les choses de Dieu, l'âme a gardé en mémoire toutes les émotions, les expériences, les habitudes et les raisonnements du passé. Si la Bible affirme que : *« Si quelqu'un est en Christ, il est une nouvelle créature. Les choses anciennes sont passées; voici, toutes choses sont devenues nouvelles. »* (2 Corinthiens 5:17), il n'en reste pas moins qu'il est nécessaire d'abattre certaines forteresses, comme nous le verrons dans le prochain chapitre.

En créant l'Homme, Dieu a établi une hiérarchie entre l'esprit, l'âme et le corps, de sorte que l'esprit est supérieur à l'âme, et l'âme au corps. **Aussi longtemps que l'esprit de l'Homme était en parfait accord avec la pensée de Dieu, les principes de Dieu s'appliquaient alors sur la Terre, comme si Dieu gouvernait au travers de sa création.** Cet ordre s'inversa le jour où Adam et Ève désobéirent et qu'ils furent séparés de Dieu. Loin de Sa pensée, le corps prit alors le dessus sur l'âme, et l'âme sur l'esprit, entraînant un renversement et une domination du monde extérieur sur le monde intérieur. Depuis ce jour, l'être humain est dominé par la nature pécheresse qui réside dans le corps humain et l'ins-trumentalise à chaque fois que la chair prend le dessus sur l'âme. Le péché qui habite dans la chair, exerce une force sur le corps, qui l'exerce à son tour sur l'âme, en la poussant à commettre *des choses contraires à la volonté de Dieu*. Il est difficile pour un certain nombre de personnes de prendre conscience que leur manière de penser, de se comporter ou de vivre, est contraire à la volonté de Dieu, soit parce qu'elles ne croient pas en Lui ou qu'elles ignorent quelle est sa volonté. Elles n'ont d'ailleurs pas le sentiment de mal agir, dans la mesure où elles respectent les règles de la vie en communauté et qu'elles se comportent finalement comme la majorité. Pour-tant, tant que l'être humain est sur la Terre, sa nature char-nelle le pousse à chercher son propre intérêt en se centrant sur lui-même. Cela a pour conséquence l'envie, l'égoïsme, la cupidité, l'orgueil, la jalousie, la colère, la débauche et bien d'autres choses encore. Fort heureusement, l'Esprit de Dieu donne la capacité aux fils et aux filles de Dieu de dominer leur chair, en rétablissant la hiérarchie entre leur esprit, leur âme et leur corps, et en leur communiquant la pensée de Dieu.

3 - La société aurait-elle pris la place de Dieu ?

Jésus a dit : « *Tu aimeras le Seigneur, ton Dieu, de tout ton cœur, de toute ton âme, de toute ta force, et de toute ta pen-sée ; et ton prochain comme toi-même* » (Luc 10:27). Chaque mot employé est capital, car le **cœur** est le centre vital de l'Homme, il est à la fois le siège de la vie physique et spiri-tuelle. L'**âme** évoque les émotions, les sentiments et l'intel-lect. Les **pensées** évoquent quant à elles le dialogue intérieur qui prend place en tout individu. La **force** symbolise l'énergie mentale et physique de l'être humain. Depuis que l'Homme s'est éloigné de Dieu, il L'a remplacé par sa pensée, sa sagesse, ses valeurs, ses principes, sa connaissance et son intelligence.

Quand Dieu n'est pas au centre, il y a forcément quelque chose ou quelqu'un qui occupe sa place, car c'est ainsi que l'Homme a été conçu.

La nourriture peut répondre aux besoins du corps, les relations et la famille réjouissent l'âme, mais seul Dieu peut apporter la lumière et la vie dont l'être tout entier a besoin. Essayez de mettre du gazole dans un véhicule essence et il ne faudra pas attendre bien longtemps avant qu'il ne tombe en panne. Ainsi en est-il pour l'être humain. Les maux que rencontrent notre société sont en grande partie liés au fait que les gens se soient essentiellement centrés sur leur bien-être personnel et sur sa recherche, oubliant leur être spirituel. Ils ignorent ce fait, parce qu'ils ont tout simplement appliqué ce qui leur a été enseigné. Jésus a dit un jour : « *L'homme ne vivra pas de pain seulement, mais de toute parole qui sort de la bouche de Dieu* ». Au travers de cette simple phrase, Il révélait que le secret de l'homme et de la femme n'est pas tant dans la nourriture terrestre, mais dans celle qui est spirituelle, c'est-à-dire la Parole de Dieu qui communique la vie à tout leur être.

La société est une entité qui dispose d'une pensée, d'une voix et d'un pouvoir. Elle a recréé le cadre établi initialement par Dieu en redéfinissant elle-même les règles et les valeurs de ses membres, en statuant sur les origines de l'Homme, en déterminant le sens de la vie et les raisons pour lesquelles il se trouve sur la Terre. Le fonctionnement global de la société s'organise désormais autour de l'application des règles, des lois, des principes, des valeurs et des réponses qu'elle a elle-même instaurés. Elle s'est pour ainsi dire substituée à Dieu en remplaçant Ses prescriptions par les siennes. Elle exerce son influence sur l'ensemble de la population au travers des grands acteurs que sont l'État, les grandes institutions, les médias, les grandes entreprises, les industries, les banques, les sphères d'influence, les partis politiques, les secteurs de la recherche et des sciences, sans oublier les leaders d'opinion.

Cela veut-il dire que tout ce que propose la société est mauvais ?

Pas du tout, mais chacun de ces domaines ayant à sa tête des hommes et des femmes qui comme vous et moi ont eux aussi leur propre mode de pensée, leurs propres intérêts, leurs propres règles et leurs valeurs… vous admettrez que ce qu'ils vous proposent est tout sauf neutre, car cela est forcément influencé par leur personnalité. Il n'est pas question de remettre en cause tout ce que vous avez appris, ni la personne que vous êtes, mais que vous preniez conscience de certaines réalités qui sont souvent cachées. À l'ère de l'information, l'art d'influencer semble clairement être l'un des pouvoirs les plus importants de notre époque. Lorsque l'un des grands acteurs crée ou découvre une nouvelle idée ou tendance, il s'applique à la transmettre à la population au travers des médias et des différents canaux de communication. Au bout d'un certain temps, cette nouveauté finit par être vue, entendue et lue par un grand nombre. Certains l'acceptent et l'intègrent, d'autres préfèrent l'ignorer quand ils n'y trouvent pas de grand intérêt, ou bien refusent tout simplement d'y adhérer. Les effets sur la communauté sont plus ou moins variables. Certaines tendances sont juste un effet de mode et disparaissent aussi vite qu'elles sont apparues. D'autres, bien qu'elles aient été intégrées par un nombre important de personnes, n'opèrent pas de changements structurels profonds au sein de la population. À l'inverse, il y a celles qui ont un impact beaucoup plus fort, au point de modifier certaines valeurs, mœurs, voire même le mode de vie. Ce principe a fait du monde moderne celui que nous connaissons aujourd'hui. Il s'applique à la fois pour les « bonnes », comme pour les « mauvaises » choses. J'utilise volontairement des guillemets, parce que l'étude du système de pensée nous a permis de voir que l'appréciation d'une bonne et d'une mauvaise chose dépend clairement de l'opinion de chacun. Au fil des siècles, certaines règles et valeurs ont disparu, de nouvelles sont apparues. Certains points de vue et comportements qui étaient autrefois en marge de la société sont désormais acceptés, voire même encouragés. D'autres qui étaient auparavant considérés comme respectables sont maintenant regardés comme étant d'un autre temps.

L'histoire nous enseigne pourtant à maintes et maintes reprises que le fait qu'un pays, qu'un parti politique, qu'une organisation, qu'une communauté, ou qu'une société, proposent certaines règles, certaines lois, certains principes, ou qu'ils défendent certaines valeurs, et encouragent certains comportements, n'est pas une garantie pour autant que cela soit véritablement bénéfique pour la population. Anatole France a dit un jour : *« Si cinquante millions de personnes disent une bêtise, c'est quand même une bêtise ».* Plusieurs associations de citoyens, de consommateurs, ou des organisations non gouvernementales comme Wikileaks, ont d'ailleurs révélé que certaines lois, décisions et réglementations qui semblaient à première vue bénéfiques pour les citoyens, cachaient en réalité des motivations autres, d'ordre financier ou idéologique.

• **Phénomènes de société**

Il fut un temps où le tabac bénéficiait d'une image respectable dans la société. À cette époque, fumer dans les lieux publics était permis, pour ne pas dire plébiscité. C'est alors que furent publiées les premières études révélant les méfaits du tabagisme actif, puis du tabagisme passif. Face à ce constat, les gouvernements inclurent timidement, au fil des années, le problème dans les débats de Santé publique. Malgré cela, en 2018, le tabagisme tue toujours plus de sept millions de personnes chaque année dans le monde[8]. Cet exemple sert à illustrer le fait que ce que la société peut considérer comme étant « bon » à un moment donné peut apparaître comme étant en réalité tout le contraire, avec le temps. Il met également en évidence le fait qu'un comportement soit adopté par le plus grand nombre n'est pas un indicateur fiable pour prétendre qu'il s'agit de quelque chose de « bon », puisqu'il peut s'avérer destructeur des années plus tard.

---

8. Source : Organisation Mondiale de la santé (OMS), titre de l'article : *Tabagisme*, parution : 9 mars 2018, (source : http://www.who.int/mediacentre/factsheets/fs339/fr/).

Résumé :

• La connaissance naturelle du bien et du mal permet à chacun de respecter le cadre qui est bon pour lui, mais également pour les autres.

• La vie de l'homme et de la femme naturels est dirigée essentiellement par leurs raisonnements, leurs pensées, leurs émotions et leur environnement.

• L'homme et la femme spirituelle nés de nouveau sont dirigés par l'Esprit de Dieu. La Bible appelle enfant de Dieu les personnes dont l'esprit a été recréé par la puissance du Saint-Esprit.

• Le fonctionnement global de la société s'organise désormais autour de l'application des règles, des lois, des principes, des valeurs et des réponses qu'elle a elle-même instaurés. Elle s'est pour ainsi dire substituée à Dieu en remplaçant ses prescriptions par les Siennes.

Questions :

• Considérez-vous être un homme, une femme naturel(le), ou bien un homme, une femme spirituel(le) ? Quels sont les éléments qui vous permettent de l'affirmer ?

• Qui dirige votre vie ? Vous-même, la société, ou l'Esprit de Dieu ?

• Avez-vous tendance à suivre les nouvelles modes sans trop vous poser de questions ? Si oui, considérez-vous que vous êtes facilement influençable ?

Chapitre 6 – La liberté

À l'entrée du port de New-York trône fièrement la statue de la liberté, symbole de liberté à la fois pour les États-Unis, mais également pour le monde entier. En France, la devise de la République : « *Liberté, Égalité, Fraternité* » est inscrite sur les frontons des mairies et des bâtiments publics. Les pays qui ont connu la guerre aiment à se rappeler l'importance de la liberté parce qu'ils en connaissent le coût et savent que c'est au prix de vies humaines qu'ils l'ont acquise. Que représente la liberté aujourd'hui dans notre société ? Pour beaucoup, il s'agit de la capacité à se déplacer et à agir comme ils le souhaitent, tant que cela n'empiète pas sur la liberté d'autrui. Comme le dit si bien l'adage : « *La liberté des uns s'arrête là où commence celle des autres.* » Quand dans certains pays le contrôle des citoyens se fait par la menace et la terreur, dans d'autres cela est beaucoup plus subtil, car ils ont compris qu'il suffisait de leur faire accepter et intégrer les normes et les valeurs qui conditionnent qui ils sont, et la manière dont ils pensent et agissent. Combien de personnes ont la conviction d'être libres, parce qu'elles se déplacent, consomment et agissent comme elles le souhaitent, sans se douter un instant que leur éducation, leur instruction et leurs convictions les enferment dans un certain type de raisonnements et de comportements ?

Il y a également des personnes qui, bien qu'elles soient libres physiquement, sont enfermées dans une forme de prison émotionnelle. La subtilité d'une captivité psychique ou spirituelle est qu'elle peut ne pas se voir au premier regard. Qu'il s'agisse d'une addiction, d'une dépression ou d'un autre sentiment négatif, elle est cachée à l'abri des regards jusqu'au moment où elle finit par se manifester au grand jour. Une personne prisonnière de son mode de pensée a toujours tendance à agir et à prendre des décisions qui s'avèrent être en décalage avec sa nature profonde. Ces choix entraînent à chaque fois les mêmes situations compliquées, qui la dépassent et face auxquelles elle est impuissante. L'un des tout premiers pas vers la liberté consiste à identifier les principes, les règles et les valeurs que vous avez intégrés, et à les considérer dans leur intégralité, afin de les ramener à votre personnalité. Cela vous permet de mesurer l'impact qu'ils ont sur votre vie et à déterminer s'ils vous correspondent, ou si vous avez le sentiment qu'ils vous entravent dans votre for intérieur. À partir de ce constat, peut-être ressentirez-vous le besoin ou l'envie d'en modifier certains, ou au contraire de rester comme vous êtes.

La véritable liberté n'est pas tant dans ce que l'on peut faire, mais plutôt dans ce que l'on est. Elle n'est accessible qu'aux personnes qui découvrent qui elles sont vraiment dans leur for intérieur, avant que les facteurs sociaux et sociétaux soient venus modeler leur identité, et qui surtout s'attachent à le devenir. Si tel est votre cas, cette décision nécessitera du courage. Il faudra à un certain moment que vous soyez prêt à remettre en question des choses auxquelles vous avez toujours cru vous concernant, mais qui vous empêchent à présent de saisir qui vous êtes réellement. Ce processus est beaucoup plus long et douloureux chez les personnes qui ont une mauvaise estime d'elles-mêmes, car elles sont obligées de déconstruire les mensonges les concernant, afin de se reconstruire en s'appuyant sur la vérité. Sans ce travail d'introspection, leur système de pensée peut les induire en erreur, en leur faisant croire qu'elles ne sont pas capables, qu'elles sont bien comme elles sont, ou bien que le problème n'est en réalité pas chez elles, mais chez les autres. Beaucoup d'hommes et de femmes durent à un moment donné de leur vie prendre le temps de reconsidérer ce qu'était leur vie, au risque sinon de passer complètement à côté.

J'ai assisté un jour à une conférence aux États-Unis, dans laquelle Jon Ponder, un ancien détenu, racontait qu'il avait créé l'association *Hope For Prisoners*[1] parce qu'il avait à cœur d'aider les anciens prisonniers à se réinsérer après leur sortie de prison. Lui et ses associés ont mis en place un programme d'accompagnement pour aider les détenus désireux de changer leur façon de vivre et d'agir, de retrouver confiance en eux, de se former à un emploi, et d'apprendre à prendre soin de leur famille. Leur projet a reçu un très bon accueil de la part du milieu carcéral, car plusieurs enquêtes montrent qu'un grand nombre de prisonniers retournent en prison très peu de temps après avoir été libérés, et bien souvent pour les mêmes délits. En effet, même en étant libres, ils restent emprisonnés dans leur tête, parce qu'ils ont gardé la même mentalité, les mêmes habitudes, les mêmes travers, les mêmes fréquentations, autrement dit le même mode de pensée. Le programme *Hope For Prisoners* rencontre un réel succès, parce que la majorité des personnes ayant décidé de le suivre ne retournent plus en prison, depuis que leur vision de la vie a changé. Il leur a permis de prendre conscience, que quoi qu'ils aient pu faire par le passé, ils avaient droit à une autre chance, qu'ils avaient de la valeur, mais que leurs mauvais choix les avaient conduits dans l'impasse. Il était donc de leur responsabilité de prendre la décision de s'affranchir des mauvaises habitudes

---

1. Site internet de l'organisation : https://hopeforprisoners.org.

qui les gardaient prisonniers. Cela se traduisait par une formation professionnelle, des cours de *leadership* accompagnés de mentorat, ainsi que la restauration des relations avec leurs proches. Ils ont compris l'importance de penser et d'agir différemment pour avoir une vie meilleure, et que la vraie liberté commence avant tout dans la tête et dans le cœur.

La Bible nous relate le récit du patriarche Moïse qui dut lui aussi se confronter à l'image qu'il avait de lui-même. Alors qu'il se voyait d'une certaine manière à cause de son histoire personnelle, Dieu le voyait d'une tout autre façon. Regardons son histoire, pour comprendre qu'il nous est parfois nécessaire à nous aussi de briser la mauvaise perception que nous pouvons avoir de nous-même.

1 - Moïse : « Qui suis-je ? »

Qui suis-je ? Voilà la question que Moïse pose à Dieu dans le livre d'Exode au chapitre 3, lorsqu'Il lui demande d'aller libérer les enfants d'Israël qui sont esclaves en Égypte depuis 430 ans. Moïse refuse catégoriquement la proposition de Dieu, parce qu'il ne s'en croit pas capable. À l'époque, il est un simple berger et estime qu'il n'a aucune légitimité à aller au-devant de Pharaon pour lui demander de libérer les Israélites. Dieu insiste et tente de le rassurer en lui expliquant qu'Il sera à ses côtés, mais Moïse s'obstine. Il s'ensuit alors une discussion anthologique entre Dieu et Moïse, dans laquelle Dieu explique à Moïse comment Il le voit. Moïse reste ferme sur sa position, ce qui met Dieu en colère. Devant son insistance, Moïse finit par céder, et accepte de partir en Égypte. La suite de l'histoire nous montre que Moïse, qui pensait être totalement incapable d'accomplir la mission que Dieu lui avait confiée, l'a non seulement menée à bien, mais qu'il est depuis considéré comme l'un des plus grands leaders de l'histoire biblique. Comment ce berger a pu être seul à la tête d'un peuple de plus de deux millions de personnes ? Afin de comprendre le changement qui s'est opéré en lui, nous allons regarder un peu plus en détail son histoire, et la manière dont il était prédestiné à être ce leader.

• Les débuts de Moïse

Dès sa naissance, Dieu permet à Moïse d'échapper à la mort. Alors que sa mère est contrainte de l'abandonner dans un panier sur le fleuve pour lui sauver la vie, Dieu incline le cœur de la fille de Pharaon, qui le recueille et le traite comme son propre fils. Lui qui aurait dû mourir, ou aurait pu grandir au milieu des siens comme un esclave, se retrouve au palais de Pharaon et bénéficie de la même éducation qu'un prince. En grandissant, il prend conscience des conditions de vie de son véritable peuple, et cela l'affecte tout particulièrement de le voir maltraité et réduit à l'esclavage, parce qu'il sait de par sa condition ce que signifie être libre. Petit à petit, la colère et la révolte prennent place en lui et le poussent à commettre l'irréparable, lorsqu'un beau jour, il voit un Hébreu être frappé par un Égyptien. Ce n'est certainement pas la première fois qu'il assiste à ce genre de scène, mais ce jour-là il n'arrive pas à contenir sa colère et tue l'Égyptien. Le lendemain, il assiste à une nouvelle altercation, mais entre deux Hébreux cette fois-ci, et alors qu'il tente de les raisonner, l'un deux lui dit : « *Qui t'a établi chef et juge sur nous ? Penses-tu me tuer, comme tu as tué l'Égyptien ?* » (Exode 2:14). En entendant ces paroles, Moïse se rend compte que la nouvelle a très probablement été divulguée. Pris de panique et craignant qu'on porte atteinte à sa vie, il quitte l'Égypte et part se réfugier au pays de Madian. En arrivant près d'un puits, il voit des bergers chasser des femmes venues puiser de l'eau pour leur troupeau. Il s'agit des sept filles de Jéthro, le sacrificateur de

Madian. Il s'oppose aux bergers, en prenant leur défense, et fait boire leurs bêtes. De retour chez elles, elles racontent à leur père tout ce qui s'est passé : « *Un Égyptien nous a délivrées de la main des bergers, et même il nous a puisé de l'eau, et a fait boire le troupeau.* » (Exode 2:19). Le sacrificateur leur demande d'aller le chercher, afin de le remercier de son geste, en l'invitant à manger à leurs côtés. Moïse accepte et s'installe au milieu d'eux. Jéthro lui donne la main de sa fille Séphora. Moïse devient berger, et passe son temps à garder les bêtes de son beau-père. Il est alors âgé de quarante ans. Quarante ans plus tard, Dieu voyant les souffrances et les pleurs de son peuple et entendant leurs cris de désespoir monter jusqu'à Lui, décide d'envoyer Moïse en Égypte pour les libérer. Voici ce que Dieu dit à Moïse :

> *Voici, les cris d'Israël sont venus jusqu'à moi, et j'ai vu l'oppression que leur font souffrir les Égyptiens. Maintenant, va, je t'enverrai auprès de Pharaon, et tu feras sortir d'Égypte mon peuple, les enfants d'Israël. Moïse dit à Dieu : «* **Qui suis-je**, *pour aller vers Pharaon, et pour faire sortir d'Égypte les enfants d'Israël ?* » *Dieu dit : « Je serai avec toi ; et ceci sera pour toi le signe que c'est moi qui t'envoie : quand tu auras fait sortir d'Égypte le peuple, vous servirez Dieu sur cette montagne ».* (Exode 3:9-12)

Moïse Lui donne alors une réponse surprenante : « ***Qui suis-je***, *pour aller vers Pharaon, et pour faire sortir d'Égypte les enfants d'Israël ?* ». Paradoxalement, le même Moïse, qui était prêt à se rebeller seul contre l'Empire égyptien et qui avait mis en fuite plusieurs bergers, a perdu cette assurance et ce côté intrépide qui le caractérisaient. Pourtant, en arrivant au pays de Madian, les filles de Jéthro l'avaient confondu avec un Égyptien, parce qu'il portait leur tenue vestimentaire certes, mais pas seulement. Moïse avait l'allure, la prestance et l'aura d'un prince. Néanmoins, le temps passé dans le désert aux côtés des bêtes avait eu raison de son tempérament de leader. La question qu'il pose alors à Dieu est de première importance, parce qu'elle prouve que Moïse ne savait plus qui il était, ni pourquoi Dieu l'avait choisi plutôt qu'un autre.

L'histoire de Moïse est pleine d'enseignements, parce qu'elle témoigne une fois de plus de l'influence qu'exerce l'environnement sur l'identité d'un individu. Dans le livre des Actes des Apôtres, Étienne dit au sujet de Moïse : « *Moïse fut instruit dans toute la sagesse des Égyptiens, et il était puissant en paroles et en œuvres.* » (Actes 7:22) Moïse était un homme influent et téméraire qui n'avait pas froid aux yeux, la preuve en est qu'il assassine l'Égyptien sans sourciller. En le tuant, Moïse pensait que ses semblables allaient se rallier à lui et se révolter, mais au lieu de profiter de cette occasion, ils ne réagissent pas, parce qu'ils n'ont pas saisi son geste. Cette incompréhension est due au fait qu'ils n'ont pas su interpréter son geste comme il l'aurait souhaité, parce qu'ils n'ont pas le même état d'esprit. D'un côté, nous avons un homme convaincu qu'il peut battre les Égyptiens, parce qu'il est conscient de ce dont il est capable, et de l'autre nous avons un peuple qui, bien qu'il soit beaucoup plus fort et composé de plus d'individus que le peuple égyptien, n'ose pas se révolter, à cause de sa mentalité d'esclave qui le contraint à la peur et à la soumission. Il y a donc ici deux états d'esprits, deux systèmes de pensée qui s'opposent.

- **Déconstruction**

Dieu montre à Moïse les prodiges qu'il devra reproduire devant Pharaon, afin de le convaincre qu'il vient bel et bien de sa part et qu'il accepte ainsi de libérer le peuple. Dieu apporte une réponse à chacun de ses arguments, afin de détruire les fausses idées et croyances qui se sont érigées dans son système de pensée pendant tout ce temps passé dans le désert, et qui l'empêchent désormais de se voir tel qu'il est réellement. Il s'évertue à déconstruire l'un après l'autre les raisonnements qui le bloquent et le paralysent, afin de reconstruire une nouvelle image de lui-même, en lui redonnant la confiance qu'il avait perdue. Il est nécessaire que Moïse se débarrasse de sa mentalité de berger, même s'il en aura besoin plus tard pour prendre soin du peuple, mais pour l'heure, il doit retrouver le charisme et l'autorité de chef qui le caractérisent, parce que non seulement il est le futur dirigeant du peuple, mais il est aussi censé représenter Dieu devant Pharaon. Malgré cela, Moïse a tellement perdu confiance qu'il refuse de s'y rendre, en invoquant le fait qu'il souffre de bégaiement. Exaspéré, Dieu lui dit alors : « *Qui a fait la bouche de l'homme ? Et qui rend muet ou sourd, voyant ou aveugle ? N'est-ce pas moi, l'Éternel ? Va donc, je serai avec ta bouche, et je t'enseignerai ce que tu auras à dire.* » (Exode 4:11-12). Moïse finit par capituler et se rend en Égypte.

Il parvient grâce à l'aide de Dieu à libérer ses frères hébreux. En arrivant en Égypte, ils n'étaient que soixante-dix, et quatre cent trente ans plus tard ils sont un peu plus de deux millions de personnes. Alors qu'ils viennent tout juste d'arriver dans le désert, Moïse part à l'écart, au sommet d'une montagne, pour recevoir les instructions de la part de Dieu. Il y restera quarante jours. Pendant ce temps-là, les Israélites, s'impatientant de ne pas le voir revenir, décident de se fabriquer un veau d'or pour l'adorer. Après avoir été témoins de miracles extraordinaires en Égypte, dont l'ouverture de la mer rouge en deux, ils oublient le Dieu vivant qui les a délivrés de la main de Pharaon et se font un veau d'or. Par ce geste, ils reproduisent ainsi une coutume égyptienne qui consiste à adorer des objets fabriqués de leurs propres mains, en leur attribuant certains pouvoirs et certaines vertus. Lorsque Moïse descend de la montagne, il est tellement exaspéré, qu'il brise les Tables de la Loi. À cause de toutes ces années passées en esclavage, le peuple a besoin de changer sa manière de penser, au risque de reproduire les règles, les traditions et les mœurs qu'il a apprises auprès des Égyptiens, une fois installé dans la terre promise. Pour ce faire, Dieu donne aux Israélites des lois qui leur permettront de déconstruire les murs intellectuels, traditionnels et coutumiers, qui se sont érigés durant toutes ces années, afin d'en rebâtir de nouveaux plus en accord avec Sa pensée. Il est intéressant de noter qu'il leur fallut une journée pour quitter l'Égypte, mais quarante ans dans le désert pour que l'emprise de l'Égypte les quitte.

2 - Le renouvellement chez l'être humain

• Le renouvellement intellectuel et émotionnel

Il est parfois nécessaire de vous poser et d'écouter les battements de votre cœur, afin de vous assurer que vous êtes bien sur la bonne voie, ou au contraire de parvenir à identifier si vous n'êtes pas en train de passer à côté de votre existence. Toute personne qui souhaite être certaine d'être sur le bon chemin, ou qui a le désir de réajuster sa marche, devra à un moment donné ralentir la cadence et prendre le temps de faire une introspection. Cela est nécessaire, voire primordial pour beaucoup, notamment pour celles et ceux que la dureté de la vie a malmenés, et qui ont besoin de retrouver des forces pour repartir et poursuivre la course. Cette pause vous permet de faire un état des lieux de votre vie. **Car, de même que le courant de l'océan emporte au loin les bateaux qui ne sont pas solidement amarrés, de même le rythme de la vie nous éloigne bien souvent de ce qui est inscrit au fond de notre cœur.** Certaines personnes y parviennent assez facilement, mais pour d'autres, il s'agit d'un exercice extrêmement difficile, car cela fait remonter à la surface certains souvenirs qu'elles avaient préféré enfouir, pour mieux les oublier. Bien que les années se soient écoulées, le temps s'est comme figé à l'intérieur d'elles. Elles se sont pourtant appliquées à répondre aux exigences que la société attendait d'elles, en faisant des études, en travaillant, en se mettant en couple, en achetant une maison, en ayant des amis(es) et une vie sociale. D'autres se fixent régulièrement de nouveaux objectifs, elles travaillent à l'accomplissement de leur(s) rêve(s) et au succès de leur carrière professionnelle, ce qui produit en elles une réelle passion et une joie, car cela correspond aux penchants naturels de leur cœur. Cependant, malgré tous leurs efforts, ces activités ne parviennent pas à répondre aux questions existentielles de leur âme. Certaines personnes se résignent à vivre ainsi, trouvant un sens à leur vie dans les différentes actions qu'elles peuvent mener, mais d'autres n'ont à un moment donné plus la force de se voiler la face, et trop fatiguées d'avancer ainsi, elles finissent par poser un genou à terre.

La dépression est considérée par beaucoup comme la maladie de l'âme. Elle touche trois cents millions de personnes dans le monde et environ trois millions en France. Chaque année, un nombre important de personnes a recours à un traitement médical, pour se sentir mieux dans sa peau. Une partie de ce nombre choisit la voie de l'accompagnement thérapeutique pour, non plus seulement « mettre le mal en pause », mais aussi et surtout en déceler les causes, pour effectuer un travail de restauration avec le patient et lui permettre de quitter cet état de mal-être constant.

Les secteurs de la psychologie, de la psychiatrie, en passant par la neuroscience, portent depuis plusieurs années déjà leurs études sur le fonctionnement de la pensée, ayant bien compris l'importance qu'elle occupe dans le fonctionnement de l'être humain. Sigmund Freud, le père de la psychanalyse, avait lui aussi compris l'importance de faire des recherches sur les processus psychiques à l'origine d'une pensée ou d'un comportement. La psychanalyse s'attache à essayer d'étudier le fonctionnement de l'âme, même si elle n'utilise pas directement ce mot à cause de sa connotation trop religieuse. Elle préfère employer les mots *psychisme* et *psychique*, dont la racine vient pourtant de *psukhé*, qui signifie **âme**, en grec. Sigmund Freud a, au cours de ses recherches, découvert qu'il existait trois niveaux de conscience : le conscient, le préconscient, et l'inconscient. Il a établi plusieurs théories à partir de ces trois niveaux, dont quelques-unes furent contestées plus tard, voire même réfutées par certains de ses successeurs, qui apportèrent quelques réserves sur ses recherches, notamment celles concernant le rôle de l'inconscient et des pulsions refoulées. La compréhension des trois niveaux de conscience a, par la suite, fortement évolué notamment grâce aux disciplines telles que la philosophie, la psychologie ou encore la psychiatrie, qui apportent un éclairage important sur le fonctionnement de l'âme. La présentation des trois niveaux de conscience se fait généralement sous la forme d'un iceberg, comme nous le montre le schéma ci-dessous. Le terme « subconscient », qui signifie « sous le niveau de conscience », étant privilégié en psychologie, par rapport à celui de préconscient, plutôt utilisé en psychiatrie.

Les trois niveaux de conscience :

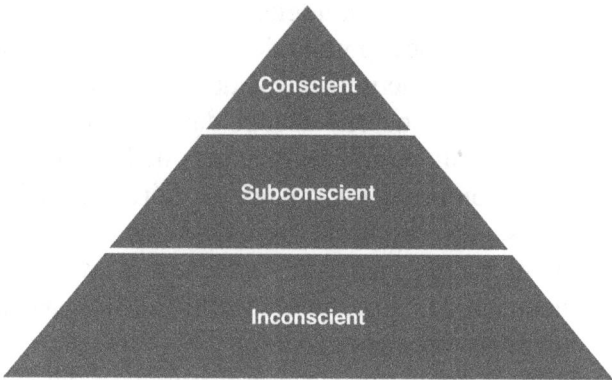

- **Le conscient** correspond à tout ce que nous voyons, entendons, ressentons, percevons, savons et comprenons, donc comme son nom l'indique, à tout ce dont nous avons conscience. Le conscient communique à la fois avec le monde intérieur (pensées) et extérieur (paroles, gestes).

- **Le subconscient** correspond aux informations que nous avons mémorisées, et qui nous sont accessibles simplement en réfléchissant ou en nous concentrant. Certaines personnes aiment décrire le rôle du subconscient en faisant un parallèle avec la RAM (mémoire vive) d'un ordinateur.

- **L'inconscient** correspond à tous les souvenirs que nous avons mémorisés depuis notre enfance, et qui sont hors de portée de notre conscient. Il comprend la connaissance, les expériences, les événements, mais aussi les blessures et les traumatismes. L'inconscient joue un rôle capital dans notre vie, parce que les informations qu'il détient contribuent à faire de nous les personnes que nous sommes, dans la mesure où celles-ci influencent très fortement nos pensées, notre attitude et nos agissements.

Le conscient, le subconscient et l'inconscient travaillent ensemble. Le subconscient joue un rôle central entre le conscient et l'inconscient, un peu comme celui de l'âme entre l'esprit et le corps. Le subconscient collabore en effet à la fois avec le conscient et l'inconscient, comme s'ils étaient eux aussi organisés dans une sorte de tri-unité. Le docteur Joseph Murphy, auteur de plusieurs livres sur le sujet, aimait donner des exemples simples et pratiques pour illustrer le rôle du conscient et du subconscient. Voici l'un d'entre eux, dans lequel il compare notre âme à un jardin, et nous au jardinier :

> *Un excellent moyen de se familiariser avec les deux fonctions de votre âme est de la considérer comme étant un jardin. Vous en êtes le jardinier, et vous semez des graines (pensées) dans votre subconscient tout au long de la journée, en fonction de vos pensées habituelles.*[2]

Cet exemple montre bien l'étroite collaboration qui existe entre le conscient et le subconscient. Le conscient reçoit quotidiennement tous types d'informations, qu'il intellectualise sous forme de pensées, et celles qui le nourrissent le plus souvent sont mémorisées dans le subconscient, et en font partie intégrante. À chaque fois que nous apprenons une nouvelle chose, les informations s'enregistrent dans notre subconscient. Il en est ainsi pour l'enfant qui apprend à faire du vélo ou l'adulte qui apprend à conduire, par exemple. Pendant la phase d'apprentissage, les mouvements et les réflexes sont hésitants, mais à force de pratique, les automatismes se

---

2. Joseph Murphy, « *The power of your subconscious mind, Law of attraction Haven* ».

mettent en place, et l'un comme l'autre n'ont plus besoin d'être forcément concentrés pour pouvoir faire du vélo, ou conduire.

Le subconscient ne peut pas juger de ce qui est bien ou mal, bon ou mauvais, ni même choisir ce qu'il décide de garder ou pas. Il réceptionne simplement tout ce que lui transfère le conscient, sans avoir son mot à dire. C'est ainsi que se forment l'attitude, les schémas mentaux, les automatismes, les bonnes et les mauvaises habitudes.

J'ai un couple d'amis qui a quitté la France en 2016 pour réaliser son rêve d'ouvrir un orphelinat, afin d'y recueillir des enfants défavorisés des rues de Kinshasa. Au bout d'un an, ils ont pu accueillir quatre garçons âgés de dix à quinze ans. Les débuts furent quelque peu mouvementés, car les jeunes adolescents avaient le sentiment de perdre la liberté qu'ils avaient toujours connue dans la rue. Ils devaient à présent se plier au règlement intérieur de la maison, en participant aux tâches ménagères, en faisant leur lit, en rangeant leur chambre, en écoutant et en respectant les éducateurs, en ne se battant pas entre eux, en parlant sans dire de grossièretés, et en travaillant à l'école. Les premiers mois furent source de tensions et de conflits, car ils étaient constamment en train de défier les règles. L'un des enfants décida même de repartir vivre dans la rue. Malgré leur tristesse, le couple resta pourtant ferme sur les règles qu'ils avaient établies, et leurs efforts finirent peu à peu par payer. Ils observèrent progressivement un changement dans la conduite des enfants, en ce qu'ils participaient spontanément au fonctionnement de la maison, et qu'ils respectaient les consignes. Cela prit un certain temps, il est vrai, car il fallait auparavant détruire l'ancienne mentalité qu'ils s'étaient forgée dans la rue et qui les rendait prisonniers d'une mauvaise attitude et d'un mauvais comportement. Pour que cette transformation soit efficace et durable, il fallait qu'elle s'opère à deux niveaux, sur le plan intellectuel et émotionnel.

Il était nécessaire qu'ils se libèrent de toutes les blessures émotionnelles qu'ils avaient héritées de leur passé et qu'ils transportaient dans leur présent comme de lourds bagages. L'abandon, la violence, la pauvreté et le manque d'amour étaient autant de blessures intérieures qui étaient ancrées dans leur subconscient et dans leur inconscient. Il fallait les détruire car elles avaient des incidences négatives sur leur comportement. Le rôle du couple d'amis et des éducateurs consistait à les aider à découvrir qui ils étaient réellement, au-delà de leurs expériences, qui déformaient l'image qu'ils avaient d'eux-mêmes. Le fait de se retrouver dans un environnement sain, calme, entourés de personnes bienveillantes, attentionnées, et qui les aiment tels qu'ils étaient, avaient permis qu'ils s'ouvrent et qu'ils leur fassent confiance. Cette disposition de cœur fut l'un des premiers pas vers leur transformation. Ils devinrent de nouvelles personnes le jour où ils furent convaincus qu'ils avaient de la valeur et surtout qu'ils étaient aimés.

- **Le renouvellement sur le plan spirituel**

Lorsque nous ramenons les découvertes faites dans les domaines de la psychologie et des sciences cognitives à un contexte biblique, il y a certains passages des Saintes Écritures qui prennent tout à coup un tout autre éclairage. Ainsi, quand l'apôtre Paul demande aux croyants d'être « transformés dans le renouvellement de leur intelligence », il les invite à changer leurs perspectives, en acquérant de nouvelles connaissances et en reconsidérant certaines de leurs croyances. Ces actions se traduisent sur le plan neurologique par une création ou une modification des schémas mentaux préexistants, en changeant les connexions au niveau des neurones. Regardez le conseil qu'il leur donne :

*Ne vous conformez pas au siècle présent, mais **soyez transformés par le renouvellement de l'intelligence**, afin que vous discerniez quelle est la volonté de Dieu, ce qui est bon, agréable et parfait.* (Romains 12:2)

Pendant longtemps, nous avons cru que, comme la pensée et l'intelligence sont immatérielles, le renouvellement de l'intelligence dont parle l'apôtre Paul s'opère uniquement au niveau de l'intellect. **Nous savons aujourd'hui grâce à la neuroscience qu'en transformant notre manière de penser, le changement qui en résulte n'est pas seulement d'ordre psychique, mais également cérébral.** Paul préconise aux croyants de Rome de chercher à renouveler leur intelligence, parce qu'il savait que ce qu'ils avaient appris au travers de la culture Romaine les empêchait de discerner la volonté de Dieu. En d'autres termes, les coutumes, les rites, les habitudes et les traditions de l'Empire romain les maintenaient dans un système de pensée qui bloquait leur transformation. Ce n'est pas une coïncidence si une autre fois, l'apôtre Paul utilise le mot *forteresse,* donc un terme physique, pour décrire une pensée immatérielle. Dans la deuxième lettre qu'il a écrite aux Corinthiens, il a fait le choix d'employer ce mot pour décrire les fausses croyances et les faux raisonnements dont les gens de l'époque étaient l'objet. Il a fait le choix de ce symbole fort, car comme la ville de Corinthe avait une forteresse à cette période, il savait qu'il serait plus facile pour ses contemporains de comprendre sa pensée. Regardez le passage en question :

Car les armes avec lesquelles nous combattons ne sont pas charnelles ; mais elles sont puissantes, par la vertu de Dieu, pour renverser des forteresses. Nous renversons les raisonnements et toute hauteur qui s'élève contre la connaissance de Dieu, et nous amenons toute pensée captive à l'obéissance de Christ. (2 Corinthiens 10:4)

Le mot grec qu'il emploie pour « renverser » est *kathaireo*, qui signifie littéralement : « *mettre à bas, démolir les raisonnements subtils des opposants, comme on abat une forteresse[3]* ». L'apôtre a fait le choix d'un vocabulaire habituellement réservé aux bâtiments, pour décrire comment la culture de l'époque, le culte des faux dieux et les traditions avaient érigé des forteresses imprenables autour de l'âme des croyants, rendant difficile la compréhension de l'évangile qu'il prêchait. Dans la pensée de Paul, le mot forteresse fait référence aux bastions spirituels qui prennent place dans certaines doctrines, idéologies et croyances. Ils permettent ainsi à Satan et à ses démons d'agir et de dominer les individus et les organisations, en exerçant un contrôle, au travers de leurs pensées et de leurs opinions. La solution qu'il préconise consiste donc à détruire leurs raisonnements et leurs fausses croyances, comme on démolirait une forteresse, mais en utilisant les armes appropriées. En effet, il met d'office les armes charnelles (humaines) de côté, car cela reviendrait à une bataille de mots, de type : sagesse contre sagesse, philosophie contre philosophie, arguments contre arguments. Or, l'Homme étant esprit, ce dont il a besoin, c'est d'une **révélation**. Celle-ci a lieu quand les armes spirituelles, c'est-à-dire la Parole de Dieu et la prière, viennent ôter le voile qui recouvre son esprit, et laissent ainsi pénétrer la lumière de la révélation, et le convaincre. C'est pourquoi la Bible déclare :

---

3. Définition « kathaireo », (Source : https://www.enseignemoi.com/bible/strong-biblique-grec-kathaireo-2507.html).

« Et vous connaîtrez la vérité, et la vérité vous rendra libres. »
(Jean 8:32). Car, quand l'esprit est éclairé, alors tout le corps
et l'âme le sont également.

L'un de mes amis était auparavant athée. Ayant étudié différents courants de pensée théologiques, ses recherches l'avaient
conforté sur le fait que Dieu n'existait pas, et l'état de la société
servait à l'en convaincre d'autant plus. Il aimait débattre avec
les croyants pour leur démontrer que leurs croyances ne repo-
saient sur rien de sérieux, et qu'il n'y avait rien de tangible.
Il avait tellement pris cela à cœur, qu'il s'était même mis à
lire la Bible dans le but de contrecarrer les chrétiens sur leur
propre terrain. Un jour, sans qu'il ne sache trop comment l'expliquer, il ressentit la curiosité d'aller à l'église. Il ne voulait
pas aller dans n'importe laquelle, parce que s'étant moqué de
certains de ses collègues croyants, il n'avait certainement pas
envie de les croiser. L'un de ses amis lui conseilla de se rendre
dans un hôtel où un groupe de chrétiens se réunissait chaque
dimanche matin. Il y alla, et le message abordé ce jour-là était
celui de l'amour. Il trouva la manière dont cela avait été présenté très intéressant et il décida d'y retourner un autre jour.
À chaque fois qu'il y retournait, il était agréablement surpris
par le message apporté, mais également pas les échanges qu'il
pouvait avoir à la fin avec les personnes présentes sur place.
Un dimanche matin, pendant le moment de la louange, les
larmes commencèrent à couler sur ses joues, sans aucune raison particulière. Surpris, il dissimula son visage pour que personne ne le voie et tenta d'arrêter ses larmes, mais rien n'y fit.
En quittant le lieu, il leva les yeux vers le ciel et les larmes
se mirent de nouveau à couler. Lorsqu'il observait les arbres,
les oiseaux et la nature, il se mettait de nouveau à pleurer. Il
avait l'impression que ses yeux s'étaient ouverts, comme si le
regard qu'il portait sur des choses qu'il avait toujours connues
était différent. Cette expérience étrange dura une semaine. La

révélation était venue renverser les connaissances qu'il avait acquises et pénétrer son esprit. Il était dorénavant convaincu de l'existence de Dieu.

• **Vos forteresses**

Certaines de vos forteresses ont pris place subrepticement en vous, année après année, brique après brique. Vous n'en avez pas toujours conscience, parce qu'elles font tellement partie de votre personnalité qu'elles sont devenues naturelles. Elles sont ancrées dans votre subconscient et votre inconscient, et dirigent vos pensées et votre comportement. Certaines de ces forteresses sont nécessaires, car elles vous protègent de l'ennemi extérieur qui tenterait de vous nuire, en vous assénant des idéologies, des doctrines, des principes et des valeurs contraires aux vôtres. Elles vous préservent en quelque sorte de ce qui pourrait vous faire du mal et apporter un changement en vous sans votre accord. Si certaines forteresses sont simplement liées à votre expérience de la vie, d'autres se sont érigées suite à des événements douloureux, et forment à présent un rempart qui vous protège, pour que les mêmes choses ne vous atteignent plus. Elles vous gardent en protégeant votre intégrité, en barricadant votre « MOI », et en ne laissant filtrer que ce qui vous est utile et nécessaire. Elles permettent ainsi de bloquer ce que votre système de pensée identifie comme étant futile ou dangereux pour vous. À l'image du garde du corps, vos forteresses sont là pour garder votre âme. Toutefois, certaines forteresses qui vous protègent peuvent aussi vous induire en erreur et vous empêcher de saisir ce qui est bon pour votre vie, en influençant négativement votre jugement et votre compréhension de certaines choses. Vous pouvez par exemple estimer comme mauvais, dérisoires ou absurdes certains points de vue et agissements, simplement à cause du fait que vous n'arrivez pas à les appréhender avec votre intelligence et vos raisonnements, et considérer comme étant bons des comportements et des opinions qui ne le sont pas, parce que vous les avez acceptés tels quels. Il est vraiment difficile, et même quasiment impossible pour une personne d'être réellement objective, car notre vision des choses est intimement liée à notre personnalité et à nos expériences personnelles.

Vos forteresses spirituelles sont parfois tellement enracinées qu'elles empêchent votre renouvellement intérieur. La transformation spirituelle a pourtant bien eu lieu, lors de la nouvelle naissance (pour ceux qui sont nés de nouveau), mais c'est maintenant au tour de l'âme (des pensées, des émotions, de l'intellect) d'être transformée à son tour par la puissance du Saint-Esprit, qui agit au travers de votre esprit. La lecture de la Bible, la prière, la louange, le jeûne, le fait de demeurer dans la présence de Dieu, apportent les éléments nécessaires à l'esprit pour qu'il se fortifie et prenne progressivement le dessus sur votre âme.

Puisque vos pensées et vos actions sont influencées par votre subjectivité, peut-être vous demandez-vous à présent comment vous pouvez être sûr que le regard que vous portez sur votre vie soit réellement éclairé et objectif. Chaque individu a son histoire, ses expériences et ses connaissances, et la richesse d'un peuple est dans la diversité des personnalités, des caractères et des opinions. Votre subjectivité s'est construite à partir de votre histoire personnelle certes, mais pas seulement. Comme nous l'avons vu plus tôt, elle a également été influencée par ce que la société (par l'intermédiaire des différents organes de pouvoir et d'influence) vous a inculqué.

Le monde extérieur n'est finalement que le reflet de l'univers intérieur de l'être humain, l'état de nos sociétés modernes n'étant en réalité que l'ombre de ce qui se trame dans le secret du cœur de l'Homme.

Le seul moyen d'avoir une compréhension juste du monde, des autres et de nous-mêmes est de regarder au travers de la Bible, car bien qu'elle ait été écrite par la main d'hommes, leur source d'inspiration n'est autre que Dieu Lui-même[4]. La sagesse, les conseils, les valeurs et les principes qui y sont prodigués ne le sont pas dans l'intérêt d'un individu en particulier, d'un corporatisme, ou d'un quelconque groupe de pression, mais dans l'intérêt de vous et moi. Les personnes qui comprennent cela et qui appliquent ce principe dans leur vie ont un regard éclairé sur le monde et sur elles-mêmes, parce qu'elles voient et appréhendent les choses avec une autre perspective, celle de Dieu. Elles parviennent ainsi à discerner ce qui est bon et ce qui est mauvais, ce qui est vrai et ce qui est faux, ce qui est utile et ce qui ne l'est pas. Cette faculté leur permet d'être stable et de ne pas être chahutées çà et là, au gré des modes, et d'un petit nombre de personnes qui font les tendances de la société.

3 - Les différentes sources qui alimentent les pensées

Il y a différentes sources qui alimentent nos pensées. En les découvrant, vous comprendrez mieux d'où proviennent toutes ces idées qui traversent notre intelligence à longueur de journée. Certaines sont brillantes, pleines de joie, d'amour, de sagesse et d'humour, elles rendent notre humeur joyeuse et illuminent notre journée. D'autres, en revanche, sont étranges, tristes et sombres, et viennent nous écraser comme une chape de plomb. Soyez certain qu'elles ne viennent pas de nulle part, elles ont toutes une provenance, et c'est l'émetteur qui en est à l'origine qui a décidé de son contenu. De la même manière qu'un expéditeur envoie une lettre à un destinataire

---

4. « Toute Écriture est inspirée de Dieu, et utile pour enseigner, pour convaincre, pour corriger, pour instruire dans la justice (…). » (2 Timothée 3:16)

avec un message à l'intérieur, de même la source à l'origine de votre pensée transmet elle aussi un message qui vous est intelligible. Regardons quelles sont les différentes sources à l'origine de vos pensées.

- **Soi-même**

Une partie de nos pensées provient de notre réflexion, de notre imagination, de nos idées et de nos émotions du jour. Elles font partie du monde intérieur que nous nous sommes construit au fil des années, de notre naissance à aujourd'hui. Elles se forment à partir de nos traits de caractère, de notre éducation, de notre instruction, de nos connaissances, de nos expériences, de notre culture et de notre tempérament naturel (exubérant, introverti, passionné, calme, etc.).

- **L'environnement**

Certaines de nos pensées proviennent des informations que nous transmet notre environnement et elles sont captées par nos sens. L'environnement dans lequel nous évoluons, qu'il soit professionnel, amical, familial ou autre, participe à alimenter notre activité psychique du fait de nos conversations, des tâches à accomplir, des interactions que nous avons les uns avec les autres. Sans oublier la société, qui exerce elle aussi une influence importante sur nos pensées, notamment au travers des médias.

- **Notre chair**

L'être humain a souvent le sentiment d'être tiraillé entre le bien et le mal. Au fond de nous, dans notre conscience est inscrit le bien, mais pourtant, sans que nous n'en comprenions toujours bien la raison, il suffit qu'une situation particulière se présente à nous pour que nous nous laissions dépasser et vaincre par le mal. Nous nous laissons alors emporter par la colère, la jalousie, l'envie, le manque de pardon et la rancœur. Une personne qui ne sait se maîtriser peut même aller jusqu'à dire ou faire des choses qu'elle regrettera plus tard, après avoir retrouvé son calme.

- **L'ennemi de nos âmes**

Certaines de nos pensées sont insufflées par l'ennemi de nos âmes. De la même manière que le diable a séduit Adam et Ève dans le jardin, il continue aujourd'hui encore, en insufflant des pensées subtiles à notre âme. Ce n'est pas anodin s'il est surnommé « l'ennemi de nos âmes », car ses attaques se concentrent essentiellement au niveau de nos pensées. La responsabilité de tout un chacun est de les reconnaître, puis de les accepter, ou de les refuser. La difficulté est que beaucoup pensent que ce sont leurs pensées, car ils n'ont pas le recul nécessaire pour les identifier. D'où l'importance de la Bible, qui met en lumière ses stratégies, et vous aide ainsi à les discerner. L'ennemi sait que s'il parvient à contrôler vos pensées, il contrôle votre âme, et par conséquent votre corps. De nombreux faits divers mettant en scène des événements graves (homicides, violence, torture) ont eu lieu ces dernières années. Faits divers pour lesquels leurs auteurs étaient incapables d'expliquer les raisons qui les avaient poussés à ces gestes atroces, comme s'ils avaient perdu la raison le temps d'un instant.

- **Dieu**

Dieu parle à tout le monde, aux enfants et aux adultes, qu'ils soient croyants ou non-croyants. Il peut leur parler au travers de songes (rêves), de visions, de convictions, d'intuitions, ou des pensées, comme il est écrit dans le livre de Job :

> *Dieu parle cependant, tantôt d'une manière, tantôt d'une autre, et l'on n'y prend point garde. Il parle par des songes, par des visions nocturnes, quand les hommes sont livrés à un profond sommeil, quand ils sont endormis sur leur couche.* (Job 33:14-15)

Les non-croyants n'ont pas toujours conscience lorsque Dieu leur parle, mais certains d'entre eux reconnaissent qu'à plusieurs reprises le fait d'avoir suivi leur instinct leur a permis d'échapper à une situation grave, voire parfois de bénéficier de dispositions vraiment avantageuses. Le jour où ces personnes ont une réelle rencontre avec Dieu et qu'elles commencent à cheminer avec Lui, le souvenir de certains événements passés remonte à la surface, et soudainement elles ont cette profonde conviction que Dieu est intervenu de manière précise dans leur vie, à ce moment-là. Elles comprennent, non sans émotion, que Dieu avait déjà Son regard sur elles, alors qu'elles ne le connaissaient pas. Plusieurs témoignages abondent dans ce sens, certaines personnes allant même jusqu'à raconter que si Dieu ne les avait pas gardées, elles ne seraient plus de ce monde. À l'époque, elles avaient simplement attribué cela à de la chance, mais plusieurs années plus tard, elles reçoivent la profonde conviction que c'est Dieu qui les avait préservées d'un grand malheur. Pourquoi elles spécifiquement et pas d'autres ? Cela reste un mystère et rappelle qu'en tout état de cause, Dieu est souverain.

Le 28 novembre 2016, l'équipe de football brésilienne de *Chapecoense* est victime d'un crash aérien, alors qu'elle se rend à Medellin en Colombie pour disputer le match aller de la finale de la Copa Sudamericana. Sur les soixante-dix-sept passagers à bord, seuls six ont survécu. Helio Hermito Neto, l'un des joueurs ayant survécu au crash, raconte que quelques jours avant le vol, il avait fait un cauchemar dans lequel il se voyait dans un avion et qu'il y avait énormément de pluie. L'avion finit par s'écraser, mais il parvint toutefois à s'en sortir. En se réveillant, il était bouleversé par son rêve, tellement il semblait réel. Le jour du départ, il ne parvint pas à se débarrasser de ce cauchemar. Ci-dessous le témoignage qu'il partage dans une interview pour The Players' Tribune[5] :

> *Le jour du voyage de la finale, je n'arrivais pas à oublier ce cauchemar. Le rêve était si réel. Il martelait mon esprit. J'ai donc envoyé un message à ma femme depuis l'avion. Je lui ai dit de prier Dieu afin qu'Il me protège de ce rêve. Je ne voulais pas croire que ça allait vraiment arriver. Mais je lui ai demandé de prier pour moi. Et d'un coup, j'ai vu toutes les choses de mon rêve en train de se passer réellement. L'avion s'est arrêté. L'électricité s'est complètement arrêtée. J'étais complètement réveillé. Puis l'avion est tombé du ciel. C'était au-delà de notre compréhension, en tant qu'êtres*

---

5. The Players' Tribune, Interview des 3 joueurs ayant survécu, Neto, Jackson Follma, Alan Ruschel, 23 août 2017. (Source : https://www.theplayerstribune.com/chapecoense-tomorrow-belongs-to-god/)

humains. (...) Je me souviens de mes derniers mots dans l'avion. Je priais, je priais, je priais à haute voix. Quand j'ai vu que l'avion allait définitivement tomber pour de vrai ... J'ai dit: « Jésus, Jésus, j'ai lu dans la Bible que tu as fait tant de miracles. S'il te plaît, s'il te plaît sois miséricordieux. Prend soin de nous. Aide-nous. Aide le pilote. Aide-nous dans cet avion. Sois miséricordieux. »

Helio Hermito Neto et deux autres de ses camarades survécurent au crash. Au moment où cela se produisit, Neto, sa femme et ses deux camarades, qui sont également croyants, priaient et imploraient l'aide de Dieu. Pourquoi eux ? Dieu seul le sait. Mais une chose est sûre : Neto, qui est croyant, avait eu un rêve quelques jours plus tôt qui l'avertissait du drame qui allait arriver. La main providentielle de Dieu les avait alors secourus.

- **Reconnaître la voix de Dieu**

Il est relativement difficile de distinguer nos pensées de celles qui viennent de Dieu, car elles se mélangent entre elles. Les temps de silence et de réflexion étant de plus en plus rares à cause de notre rythme de vie effréné qui nous pousse à vivre et à agir de manière quasi automatique, il reste très peu d'occasions pour s'arrêter et s'écouter. Dès que la journée commence, nous avons tendance à allumer l'ordinateur, la télévision, à consulter notre téléphone, à écouter de la musique, notre attention étant alors happée par toutes sortes d'activités. Or, pour discerner qu'une pensée ne vient pas de nous, il est nécessaire au préalable de se connaître soi et/ou celui qui nous la transmet. Par conséquent, si nous considérons que Dieu est la Source de la vie, toute pensée qui est bonne et parfaite et qui nous invite à agir dans ce sens est susceptible de venir de Lui.

Résumé :

- La véritable liberté n'est pas tant dans ce que l'on peut faire, mais plutôt dans ce que l'on est. Elle est accessible aux personnes qui découvrent qui elles sont vraiment dans leur for intérieur, avant que les facteurs sociaux et sociétaux soient venus modeler leur identité, et qui surtout s'attachent à le devenir.

- Moïse dut déconstruire la fausse image qu'il avait de lui-même pour s'en libérer et devenir le leader de tout un peuple.

- Nous savons aujourd'hui grâce à la neuroscience qu'en transformant notre manière de penser, le changement qui en résulte n'est pas seulement d'ordre psychique, mais également cérébral.

- Le monde extérieur n'est finalement que le reflet de l'univers intérieur de l'être humain, l'état de nos sociétés modernes n'étant en réalité que l'ombre de ce qui se trame dans le secret du cœur de l'Homme.

Questions :

- Avez-vous le sentiment d'être véritablement libre ? Si votre réponse est non, expliquez les raisons.

- Avez-vous une quelconque addiction ? L'apôtre Paul a écrit : « Chacun est esclave de ce qui a triomphé de lui. » (2 Pierre 2:19). Pour répondre de manière objective, l'un des tests auxquels vous pouvez vous soumettre est de rester une journée, voire plusieurs jours, sans utiliser votre téléphone, les réseaux sociaux, ou une quelconque autre chose à laquelle vous êtes très attaché(e)...

- Quelles sont les certitudes et les raisonnements qui semblent être des obstacles dans votre vie ?

- Quelles sont les blessures que vous avez besoin de soigner ou les forteresses à déconstruire pour recevoir la révélation de qui vous êtes réellement ?

Chapitre 7 – Je suis ...

Faites un petit test et demandez aux gens autour de vous :
« *Qui es-tu ?* ». Vous serez à la fois surpris et amusé par les
réactions des uns et des autres et par des visages en pleine
réflexion, cherchant la bonne réponse à vous donner. Certains
aiment se définir par leur activité professionnelle : je suis avocat, je suis professeur, je suis chauffeur de taxi. L'emploi du
« *je suis* » appuie le fait que l'image qu'ils ont d'eux-mêmes
est essentiellement basée sur leur profession. Le problème
que rencontrent ces personnes est que le jour où elles perdent
leur emploi ou qu'elles se retrouvent pour une quelconque
raison dans l'impossibilité de travailler, leur changement de
statut leur donne soudainement l'impression de ne plus avoir
aucune valeur et de ne plus exister. Les raisons à cela sont très
simples, leur identité est en quelque sorte directement rattachée à ce qu'elles font.

D'autres personnes ont tendance à se définir en fonction
de leur position sociale, de la somme d'argent dont elles dis-
posent sur leur compte en banque, du prestige de leur voiture,
du train de vie qu'elles mènent, voire du nombre de biens
qu'elles possèdent. Elles tirent leur satisfaction de la concréti-
sation des objectifs personnels qu'elles se sont fixées, comme
le fait d'être en couple, d'avoir fondé une famille, d'avoir
créé leur propre entreprise ou réalisé leurs rêves. Ces choses
ne sont pas mauvaises en soi, mais elles ne sont perçues que

comme étant les seuls symboles de réussite et de bonheur. Le monde moderne aime avancer l'idée selon laquelle c'est ce que nous possédons et ce que nous accomplissons qui nous permet d'être heureux. Ce message est martelé quotidiennement dans les médias, dans les publicités, dans les magazines, dans les émissions télévisées et sur internet. Certaines émissions se sont spécialisées dans les reportages racontant la vie de personnes ordinaires, qui ont réussi grâce à leur talent et à leur travail. Elles mettent en avant leur notoriété, le nombre de leurs fans, leurs revenus, ainsi que leur train de vie, comme des signes de leur réussite. **Cette approche contribue à faire croire à un grand nombre de personnes que le bonheur consiste finalement à faire et à avoir, plutôt que de tout simplement être.** Cela est d'ailleurs tellement ancré dans la société que les personnes qui réunissent tous ces critères ont le sentiment d'avoir réussi, tandis que celles qui n'y parviennent pas ont, elles, l'impression d'avoir raté leur vie et d'être passées à côté.

En 2007, le publicitaire Jacques Séguéla avait enflammé les médias, en déclarant : « *Tout le monde a une Rolex. Si à 50 ans on n'a pas une Rolex, c'est qu'on a quand même raté sa vie.* » Il essayait au travers de cette phrase de défendre Nicolas Sarkozy, le président de la République de l'époque, qui était sous le feu des critiques pour avoir porté une montre Rolex. Plusieurs l'accusèrent de mépriser les classes moyennes et les plus pauvres, en ayant une vision grotesque de ce que signifie réellement réussir sa vie. Le port de la Rolex n'est pas choquant en soi, compte tenu des revenus de l'ancien Président. Mais je trouve cette anecdote intéressante pour deux raisons. La première est que Jacques Séguéla considère que le fait de posséder un objet d'une certaine valeur est un signe de réussite. Sa vision consiste donc à **avoir** pour être. La seconde est que celles et ceux qui l'accusèrent de mépris envers les classes moyennes et les plus pauvres avaient en réalité la même vision que lui. Alors pourquoi étaient-ils outrés ? Simplement parce que le niveau que le publicitaire avait établi comme prétendu signe de réussite n'était pas accessible à tous et qu'il excluait une partie de la population. S'il avait choisi un autre objet comme une voiture ou une maison, cela aurait moins choqué, parce qu'une grande partie de la population peut se l'offrir, à crédit… La société a en quelque sorte défini les standards de réussite et de bonheur, en créant une sorte de cercle vertueux dans lequel se retrouvent celles et ceux qui s'approprient ses principes et ses valeurs de réussite, et en sont exclus celles et ceux qui n'y répondent pas. Ainsi, ce sont les actions et les biens que possède une personne qui détermineraient finalement qui elle est.

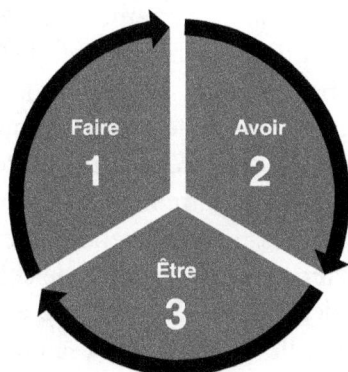

La plupart des personnes s'évertuent à appliquer les principes et les valeurs que prône la société, dans l'espoir d'y trouver le bonheur tant annoncé. Cependant, après un certain temps, beaucoup s'aperçoivent que cela ne leur apporte pas la satisfaction qu'elles attendaient. Les plus audacieux décident même de tout arrêter et de changer radicalement de cadre de vie, de travail, de pays, certains même de conjoint, espérant enfin trouver l'épanouissement auquel ils aspirent tant. Après un certain temps et malgré tous leurs efforts, l'insatisfaction finit par les gagner de nouveau. Certains abdiquent et se disent que : « Finalement, la vie est comme ça ! ». D'autres essayent toutefois d'en découvrir les causes en se tournant vers la religion, en se plongeant dans des lectures philosophiques, ou en faisant une introspection sur elles-mêmes afin de comprendre. Elles ne savent pas très bien comment l'exprimer, mais elles ressentent au fond d'elles qu'il y a un décalage entre ce qu'elles vivent, ce qu'elles sont, et ce qu'elles devraient être.

1 - « JE SUIS ce que je fais »

Un jour, en arrivant à l'aéroport de Paris - Charles De Gaulle, je vis un énorme panneau publicitaire sur lequel était inscrit : « I am what I do ». Autrement dit : « **Je suis ce que je fais** ». Il s'agissait d'une publicité pour le tout dernier téléphone d'une célèbre marque. Cette approche fait tellement partie du système de pensée de la société que la plupart des gens l'ont acceptée. Ils ont effectivement intégré le fait que : « Ils sont ce qu'ils font ». Autrement dit, *ceux qui ne font rien ne sont rien*, ce qui laisse sous-entendre que la valeur d'une personne serait déterminée en fonction de ces actions. L'effet pervers de cette idée est qu'elle crée une échelle de valeurs entre les individus. Elle les contraint à se mesurer les uns aux autres, ce qui génère pas mal de frustrations, de jalousies, d'insécurités et de problèmes d'estime de soi. La comparaison se fait à tous les niveaux, sur le plan physique, professionnel, intellectuel, et bien d'autres encore. Elle commence d'ailleurs très tôt, par les notations scolaires, les classements, les concours en tout genre et les compétitions sportives. Elle continue à l'âge adulte, où certains comparent leurs carrières professionnelles, leurs revenus, leur position sociale et leurs biens. Elle crée l'envie, au point que certaines personnes qui ne sont pas suffisamment affermies dans leur identité ont le sentiment qu'elles seraient plus heureuses si elles étaient ou faisaient comme les autres.

Si le système de pensée de la société avance le fait que : « **Je suis ce que je fais** », la Bible a quant à elle un tout autre point de vue. J'aimerais vous le présenter à partir de l'histoire de l'apôtre Paul, en vous montrant comment cet homme menait une existence bercée par ses certitudes et ses croyances, jusqu'au jour où sa route croisa celle de Jésus-Christ. Après cette rencontre, ses convictions les plus profondes volèrent en éclats, car il découvrit qui il était véritablement.

2 - Le changement d'identité de l'apôtre Paul

Avant d'être connu sous son nom d'apôtre, Paul s'appelait Saul. Il a grandi dans l'apprentissage de la religion juive auprès d'un docteur estimé de la loi nommé Gamaliel. Saul était membre du parti des pharisiens, un groupe religieux juif très strict. Il pourchassait et jetait en prison les hommes et les femmes qui prétendaient que Jésus était le Christ. Un jour, il assista à la lapidation à mort d'Etienne, un jeune homme qui déclarait que Jésus était le Messie, et il approuva l'action des meurtriers. Saul était convaincu de bien agir, car il s'évertuait à protéger et à faire respecter les traditions de ses pères. Le regard qu'il portait à l'époque sur Jésus et ses partisans était très nettement influencé par ses convictions personnelles, qui provenaient de son éducation familiale (son père était lui aussi pharisien), de ses connaissances religieuses, de son environnement (ses amis les pharisiens) et d'un zèle excessif pour sa religion. Saul était très loin d'imaginer à l'époque que son jugement envers Jésus était erroné, parce qu'il Le voyait à travers le prisme de sa religion. Un jour, alors qu'il était en chemin pour la ville de Damas, une lumière l'entoura et une voix forte se fit soudainement entendre : *« Saul, Saul, pourquoi me persécutes-tu ? »*. Saul tomba à terre et répondit : « Qui es-tu Seigneur ? » Il entendit alors : *« Je suis Jésus, que tu persécutes »*. Saul Lui répondit : *« Seigneur, que veux-tu que je fasse ?* » La lumière était tellement intense qu'il en perdit la vue. Ses compagnons furent contraints de le prendre par la main pour le conduire jusqu'à Damas, où il resta trois jours sans manger ni boire. Le troisième jour, Jésus apparut dans une vision à un chrétien nommé Ananias et lui demanda d'aller voir Saul, afin qu'il prie pour lui pour qu'il recouvre la vue. Ananias, qui connaissait la réputation de Saul, expliqua à Jésus tout le mal que cet homme avait commis, mais Jésus le rassura en lui révélant ce à quoi Il avait destiné Saul. Il lui dit :

> *Va, car **cet homme est un ins-trument que j'ai choisi**, pour por-ter mon nom devant les nations, devant les rois, et devant les fils d'Israël ; et je lui montrerai tout ce qu'il doit souffrir pour mon nom.*
> (Actes 9:15)

Pendant ces trois jours, durant lesquels Saul resta sans manger ni boire, il eut largement le temps de réfléchir. Il réalisa qu'il était dans l'erreur et que ce qu'il combattait farouchement s'avérait en réalité être vrai. Dès qu'Ananias eut prié pour lui, il recouvra instantanément la vue, et sans perdre de temps, il se mit aussitôt au service de Dieu. Ce récit nous montre une fois de plus une personne convaincue de ses idées, parce qu'elles correspondaient à ce qu'elle avait toujours appris et connu, et qui s'aperçut qu'elle était finalement dans l'erreur. Supposons qu'une personne ait rencontré Saul à l'époque et l'ait interrogé sur son identité. Il aurait répondu alors sans aucune hésitation : « *Je suis pharisien !* », car c'est l'identité qu'il avait intégrée à cause de son environnement familial et du contexte religieux dans lequel il avait grandi.

• La nouvelle identité de Paul

L'apôtre Paul reçoit la révélation de sa véritable identité le jour où il rencontre Jésus. Il réalise qu'il est *un instrument que Jésus a choisi, pour porter Son nom devant les nations.* Il était pourtant persuadé de servir la cause de Dieu auparavant, mais il ne se doutait pas que ses motivations étaient mauvaises, parce qu'il faisait erreur sur son identité. Il agissait alors selon ses propres croyances et raisonnements. Il fallait qu'il ait ce face à face avec Jésus pour ne plus voir désormais le monde et lui-même au travers de son propre regard, mais au travers de Celui de Dieu. Quand Ananias pria pour lui, le texte biblique met en lumière un élément très intéressant : « *Il tomba de ses yeux comme des écailles, et il recouvra la vue.* » (Actes 9:18). Cette phrase doit être comprise de deux manières : l'une au sens littéral, et l'autre spirituel. Les écailles représentent son aveuglement physique, mais également spirituel. Lorsqu'Ananias pria pour Paul, le Saint-Esprit vint faire sa demeure en lui, et le voile spirituel qui le gardait dans l'obscurité fut ôté. Sa vie changea radicalement. Il n'était dès lors plus dirigé uniquement par ses sens, ses émotions ou ses pensées humaines, mais par l'Esprit de Dieu. Sa trajectoire de vie en fut complètement changée le jour où il reçut la révélation de qui il était aux yeux de Dieu.

L'apôtre Paul est l'un des auteurs les plus prolifiques de la Bible puisqu'il a écrit, sous l'inspiration du Saint-Esprit, pas moins de treize livres sur les vingt-sept qui composent le nouveau testament. L'introduction de chacun d'entre eux est plus ou moins la même. Il consacre en général les deux premiers versets à se présenter, il indique le cas échéant si des personnes l'accompagnent, et il insiste ensuite sur le fait que sa légitimité vienne de Dieu, et non des hommes. Les livres écrits par Paul sont au départ des lettres destinées aux églises, à l'exception de quatre d'entre elles, qui sont écrites à ses collaborateurs Timothée, Philémon et Tite. Lorsque Paul s'adresse à ses amis, le ton est différent et sa présentation est moins formelle, mais beaucoup plus personnelle. Dans la lettre qu'il adresse à son ami Tite, les mots qu'il choisit pour s'introduire sont tellement précis que l'on voit qu'il savait clairement qui il était et ce à quoi Dieu l'avait appelé. Ce passage a été comme une révélation pour moi, parce qu'en observant la manière dont il se présente, le Saint-Esprit m'a montré plusieurs clés qui peuvent s'appliquer à l'identité de tout un chacun. Cela m'a permis de saisir ce qu'était l'identité selon Dieu et de comprendre quelle était la mienne. C'est la raison pour laquelle je les partage avec vous, car je crois qu'elle vous aidera aussi à découvrir la vôtre.

• **Présentation de Paul**

En excellent communicant, Paul parvient en seulement un verset à donner son identité. Les anglo-saxons appellent cet exercice de communication un « pitch ». Un pitch est la capacité à synthétiser de manière très brève une présentation, une histoire, un livre, un curriculum vitae (CV). Certaines personnes sont spécialisées dans cette discipline, et maîtrisent l'art de présenter en très peu de temps tous les éléments censés susciter l'intérêt chez leur interlocuteur. Nous n'allons pas regarder les treize introductions, mais seulement celle qui est destinée à Tite, afin que vous puissiez voir à quel point l'apôtre Paul savait désormais clairement qui il était. Voici ce qu'il écrit :

> **Paul**, **serviteur de Dieu**, et **apôtre** de Jésus Christ **pour la foi des élus de Dieu et la connaissance de la vérité qui est selon la piété** (…). (Tite 1:1)

Paul commence par donner **son prénom**. Derrière ce prénom se trouve toute son histoire et ce qui le définit en tant qu'individu.

• **Son prénom**

Dans la culture juive, le choix du prénom est rarement lié au hasard, car il est supposé correspondre au caractère et à la personnalité de celui ou de celle qui le porte. Il est supposé être une inspiration reçue de la part des parents. Saul change son prénom d'origine hébraïque qui signifie « désiré, demandé à Dieu », par celui de Paul. Nous ignorons quelle en est la raison, car la Bible ne nous donne aucune explication, mais nous pouvons supposer qu'il s'agit peut-être d'une volonté de sa part de s'abaisser devant la grandeur de Dieu, car Paul est un prénom d'origine latine qui signifie « petit et faible ». Or, il écrivit à un moment donné le concernant : « *À moi, qui suis le moindre de tous les saints, cette grâce a été accordée d'annoncer aux païens les richesses incompréhensibles de Christ (...) »* (Éphésiens 3:8).

D'autres personnes de la Bible, comme Abraham, l'apôtre Pierre ou Jacob[1], changèrent eux aussi de prénom, mais nous en avons cette fois-ci l'explication. Dieu changea le prénom d'Abram qui veut dire « Père élevé », en celui d'Abraham qui signifie « Père d'une multitude », parce qu'il correspondait à sa nouvelle identité : celle d'être le père d'une multitude de nations[2]. Même chose pour l'apôtre Pierre. Jésus change son prénom d'origine, Simon, en celui de Céphas qui signifie Pierre, en lui expliquant : « *Et moi, je te dis que tu es Pierre, et que sur cette pierre je bâtirai mon Église, et que les portes*

---

1. Le nom de Jacob fut changé en celui d'Israël (Genèse 32:28).
2. Genèse 17:5.

du séjour des morts ne prévaudront point contre elle.³ » Le prénom attribué à Pierre correspondait donc à sa nouvelle identité. Il n'était désormais plus un simple pécheur, mais un pécheur d'hommes, un pilier sur lequel Dieu s'appuierait pour bâtir son église.

Pourquoi Dieu renomme-t-il certaines personnes de la Bible ? Il le fait pour les raisons suivantes :

- Leur identité et leur destinée sont directement rattachées à leur prénom. En changeant leur nom, Il leur révèle non seulement qui ils sont, mais Il les réaligne aussi avec l'histoire qu'Il a écrite pour eux. Leur changement de prénom impliquait également le fait que les personnes qui les appelaient désormais par leur nouveau nom proclamaient, sans même le savoir, l'identité qui leur était rattachée. Cela peut sembler un détail, sauf lorsque l'on connaît la puissance des paroles que l'on prononce. La Bible appuie cette idée au travers du verset suivant : « *La mort et la vie sont au pouvoir de la langue ; Quiconque l'aime en mangera les fruits.* » (Proverbes 18:21)

- Une personne a besoin de **savoir qui elle est** pour pouvoir **le devenir**. Cela lui est impossible si elle l'ignore. La connaissance de son identité entraîne donc de profonds changements qui conduisent à sa transformation.

Nous voyons au travers de ces exemples que dans la pensée de Dieu, le prénom n'est pas juste une simple appellation, mais il est censé représenter l'histoire de celui ou celle qui le porte.

---

3. Matthieu 16:18.

- **Sa consécration**

Paul se présente en tant que **serviteur de Dieu**. Le fait que cette indication soit juste après son prénom signale l'importance que cette information revêt à ses yeux, car elle nous montre qu'il a volontairement fait le choix de consacrer sa vie au service de Dieu. Nous avons vu plus tôt que Jésus l'avait choisi comme un instrument pour porter Son nom devant les nations, mais encore fallait-il qu'il accepte. Le consentement de Paul permet à Dieu de l'affecter dans un département dans lequel il pourra le servir.

- **Sa vocation et son but**

Dieu décide de faire de lui **un apôtre** de Jésus-Christ. Le mot apôtre vient du grec *apostolos*, qui signifie « envoyé en avant, messager, ambassadeur[4] ». Le terme *apostolos* a été emprunté au langage militaire et désigne généralement un officier envoyé dans une zone géographique particulière pour y établir les lois et les règles relatives au pays colonisateur. La propagation du message de l'Évangile se faisait au travers des enseignements de l'apôtre Paul. C'est pour cette raison qu'il a écrit : « *C'est pour cet Évangile que j'ai été établi prédicateur et apôtre, chargé d'instruire les païens.* » (2 Timothée 1:11). Le prédicateur[5] est celui qui proclame la Parole de Dieu.

Paul indique ensuite **le but** pour lequel il a été établi apôtre : « édifier la foi des élus de Dieu et la connaissance de la vérité qui est selon la piété. » Au travers de cette courte introduction,

---

4. Définition « Apostolos », (Source : https://www.enseignemoi.com/bible/strong-biblique-grec-apostolos-652.html).
5. Définition de Prédicateur : dérive en grec d'un verbe signifiant « proclamer », « se faire le héraut de » ou « parler en public ». Paul était un héraut qui proclamait l'Évangile de Christ. » (Bible d'Étude de John MacArthur)

Paul explique que Dieu l'a destiné à être son messager, avec la mission d'enseigner les élus de Dieu en leur révélant ses principes et ses mystères.

En résumé, Paul se présente en quatre étapes. Il commence premièrement par donner **son prénom**, puis **son profil** : serviteur de Dieu, puis **sa vocation**, et enfin **le but de sa mission**, comme nous pouvons le voir sur le schéma ci-dessous :

PRÉNOM (1)		
PROFIL (2)	VOCATION (3)	BUT/MISSION (4)

En personnalisant sa présentation, nous obtenons la chose suivante :

IDENTITÉ DE PAUL		
PROFIL Serviteur de Dieu Domaine : ministère	**VOCATION** Apôtre, Prédicateur	**BUT/MISSION** Édifier la foi des élus et la connaissance de la vérité

Paul avait fait le choix d'être au service de Dieu, c'était le prérequis obligatoire pour que Dieu puisse l'utiliser. En tant que serviteur de Dieu, Dieu l'avait destiné à le servir dans le ministère. Ce service comprend cinq ministères qui sont : l'évangélisation, l'enseignement, le pastorat, le prophétique et l'apostolat. Dieu lui attribua le ministère d'apôtre, dont la mission consistait à : « *édifier la foi des élus de Dieu et la connaissance de la vérité qui est selon la piété.* » Ce qu'il est intéressant de noter dans l'histoire de l'apôtre Paul, c'est de voir à quel point le rôle et la mission qui lui avaient été confiés lui allaient comme un gant. Paul était un homme volontaire et passionné, et lorsqu'il faisait quelque chose, il s'y engageait entièrement (comme nous avons pu le voir lorsqu'il était pharisien). Son tempérament quelque peu extrême le conduisit à commettre des choses terribles lorsqu'il était du mauvais côté, mais s'avéra être en revanche un atout de poids par la suite lorsqu'il dut faire face aux différents défis liés à sa mission, et qu'il parvint à persévérer sans se décourager, ni baisser les bras. Son éducation religieuse lui fut également d'une grande utilité lorsqu'il s'agissait de débattre avec les hommes religieux et de tenter de les convaincre. **Les traits de caractère de Paul correspondaient à sa véritable identité, mais il en faisait mauvais usage lorsqu'il marchait sans le savoir dans la mauvaise direction.** À l'instar du lionceau qui suivit le vieux lion, Paul suivit Jésus en empruntant le chemin qui lui était destiné. Pour que ce changement de direction s'opère en lui, il était nécessaire qu'il corrige sa destination en changeant sa mentalité. En ajustant ses pensées sur celles de Dieu, et en se laissant transformer dans le renouvellement de son intelligence, Paul finit par devenir l'homme qu'il devait être.

Regardons la transformation qui s'est opérée en lui :

CARACTÉRIS-TIQUES	AUPARAVANT SAUL	RENOUVELLEMENT DES PENSÉES	APRÈS PAUL
Son patrimoine génétique	Gènes hérités de ses parents.		-
Sa culture	Citoyen romain		-
Ses traits de caractère	Son obstination et son zèle.		Son intégrité, sa passion, sa persévérance, son amour, son cœur pour les perdus.
Son éducation et sa connaissance	Il a appris à fabriquer des tentes. Il a été élevé dans la religion de ses pères.		Sa connaissance vient désormais des révélations qu'il a reçues de Jésus-Christ et qui lui ont permis d'établir les fondements de l'Église et du christianisme. (Cf. Galates 1:11-12) Sa connaissance des lois religieuses lui permettent de tenir tête aux hommes religieux.

Son système de pensée	L'instruction qu'il a reçue auprès de son Père et de Gamaliel a influencé ses croyances, sa façon de voir les choses, de parler, et d'agir.		Le Saint-Esprit a déconstruit son ancien mode de pensée, et il a transformé Paul en renouvelant son intelligence. Ses pensées sont désormais dirigées et inspirées par le Saint-Esprit.
Sa mission	Détruire le christianisme.		L'un des plus grands ambassadeurs du christianisme.

Lorsque vous observez le modèle présenté par l'apôtre Paul, vous remarquez que la notion d'identité est différente de celle présentée par la société. Quand le système de pensée de la société dit : « **Je suis ce que je fais** », l'apôtre Paul présente quant à lui une définition tout autre. Il dit que c'est parce qu'il est serviteur de Dieu qu'il est apôtre. Autrement dit : « **Je fais ce que je suis** », ou: « **Je suis, donc je fais** ». La différence peut sembler minime au premier abord, mais lorsque nous saisissons le sens de ces deux approches, nous voyons bien à quel point elles sont totalement opposées. **Quand la société avance l'idée que ce que l'on fait justifie ce que l'on est, les Saintes Écritures expliquent que c'est ce que l'on est qui détermine ce que l'on fait.**

3 - « Je fais ce que JE SUIS »

J'aimerais vous présenter les parcours de vie d'Esther, de Marc et de Carl[6]. Ces trois personnes sont croyantes, et ont délibérément fait le choix de mettre Dieu à la première place dans leur vie. En lisant leur histoire, vous comprendrez mieux que le fait qu'ils connaissent leur identité dirige leurs actions, et non l'inverse. Lorsque vous parvenez à identifier de manière claire les éléments qui caractérisent une personne,

_____

6. Le prénom des personnes a volontairement été changé pour des raisons de discrétion.

il est impressionnant de voir à quel point son caractère, sa mentalité, ses compétences, ses capacités, qu'elles soient physiques ou intellectuelles, coïncident totalement avec sa mission de vie.

- **Esther : un cœur passionné pour les démunis**

Esther a grandi dans une famille athée, dans laquelle ses parents lui ont enseigné que Dieu n'existait pas. Durant sa jeunesse, elle faisait régulièrement des rêves dans lesquels elle se voyait en Afrique en train de prendre soin des orphelins et de nourrir les pauvres. Elle a toujours eu à cœur de venir en aide aux plus démunis, comme si cela était inscrit en elle. Adolescente, elle accomplit son rêve d'enfant et part au Sénégal en tant que bénévole dans une association humanitaire, pour s'occuper des enfants talibés[7] malades. Ce séjour est comme une révélation. Elle est tellement touchée par ce qu'elle vit sur place qu'elle s'y rend chaque année.

Après une mission de plusieurs semaines au Sénégal, elle rentre profondément attristée, car elle se sent complètement démunie face aux souffrances de tous ces enfants malades, maltraités et livrés à eux-mêmes. Un soir, alors qu'elle est dans une soirée avec une amie, elle boit de l'alcool, un peu trop, pour essayer d'oublier sa peine. L'effet de l'alcool aidant, elle se met à parler à Dieu : « Dieu, si tu existes, pourquoi laisses-tu souffrir ces enfants ? » S'ensuit alors un long cri à ce Dieu qu'elle ne connaît pas. Son amie, qui entend tout,

---

7. Le talibé est un garçon issu d'une famille pauvre, confié à un marabout afin que celui-ci se charge de son éducation religieuse. En contrepartie, le talibé est contraint de mendier des heures dans les rues afin de subvenir à ses besoins. Il est généralement maltraité et battu. (Source : https://fr.wikipedia.org/wiki/Enfants_talibés_du_Sénégal).

prend une feuille sur laquelle elle note tout ce qu'elle est en train de dire. Le lendemain, en se levant, Esther lit ce que son amie a écrit. Elle est surprise de tout ce qu'elle a bien pu dire.

Un jour, un ami l'invite à l'église. Elle est réfractaire au départ, puis finit par accepter pour lui faire plaisir. Pendant la louange, alors qu'elle écoute un chant, la présence de Dieu l'envahit soudainement, comme un torrent violent. Elle se met alors à crier : « Jésus ! Jésus ! Jésus ! », alors que personne ne lui a parlé de qui Il est. Ce jour-là, elle reçoit instantanément la révélation que Jésus-Christ est Dieu et qu'Il lui pardonne tous ses péchés. Elle se rapproche progressivement de Lui, et découvre enfin sa véritable identité. Il la lui révèle un jour au travers des Saintes Écritures, alors qu'elle tombe sur le passage suivant :

> *Moi, l'Éternel, je t'ai appelé en toute justice et je te tiendrai fermement par la main. Je te garderai et je t'établirai pour que tu sois l'alliance du peuple, la lumière des nations, pour que tu ouvres les yeux des aveugles, pour que tu fasses sortir le détenu de prison et de leur cachot les habitants des ténèbres. (Ésaïe 42:6-7)*

Quelques mois plus tard, elle retombe sur le papier sur lequel son amie avait écrit, et se rend compte que ce que Dieu l'appelle à faire correspond aux reproches qu'elle Lui avait adressés quelques années plus tôt, alors qu'elle ignorait son existence. Elle comprend alors que les rêves qu'elle avait faits lorsqu'elle était enfant correspondaient à ce à quoi Dieu l'avait destinée. Il fallait néanmoins qu'elle se rapproche de Lui pour connaître sa véritable identité. Dieu attendit le moment favorable pour se révéler à elle.

Esther a travaillé en France pendant plusieurs années au Samu social, pour aider les sans-abri à sortir de la rue, ainsi qu'à l'aide sociale à l'enfance, auprès des enfants victimes de violences de toutes sortes. En 2017, elle retourne en Afrique, en Guinée auprès des enfants orphelins, mais cette fois-ci, elle voit Dieu à l'œuvre au travers de guérisons, de miracles et de la révélation de son amour infini. Elle, qui se sentait impuissante autrefois face aux souffrances de ces enfants, voit désormais la main de Dieu l'accompagner et agir au travers d'elle. En juillet 2018, Esther rejoint une base missionnaire installée au Sénégal pour aider les enfants à sortir des rues. Les responsables lui proposent d'occuper la même fonction que celle qu'elle avait au SAMU social. Elle comprend alors que toutes ces années étaient une période de préparation.

IDENTITÉ D'ESTHER		
PROFIL Servir les autres Domaines : Social, Missionnaire*	**VOCATION** Missionnaire	**BUT/MISSION** Prendre soin des plus faibles et des démunis

* À la différence de l'humanitaire, le travail missionnaire comprend également les œuvres en lien avec la foi chrétienne, telles que la charité et la prédication de l'Évangile.

• **Marc : un cœur désireux d'aider l'autre**

Marc est agent immobilier croyant. Il est actuellement salarié, mais envisage très prochainement de se mettre à son compte et de créer sa propre franchise immobilière, afin de répondre aux problèmes de mal-logement, car c'est un sujet qui lui tient particulièrement à cœur. L'argent qu'il gagnera lui permettra aussi d'investir dans des projets associatifs et culturels pour aider financièrement de jeunes entrepreneurs qui ont des idées innovantes. Il veut utiliser ses finances pour de bonnes causes, dont le but est d'aider les gens. Marc n'avait strictement aucune idée de sa vocation avant de commencer à travailler en tant qu'agent immobilier. Il souhaitait au départ être policier, comme son père. Son grand-père et son oncle travaillaient quant à eux dans la gendarmerie. Ne sachant pas trop quoi faire, il comptait s'engager dans une carrière similaire à la leur, par mimétisme. C'est en commençant cette nouvelle activité, et à force de rencontrer des personnes qui avaient des difficultés à se loger à cause de leurs faibles revenus, que son désir de leur venir en aide s'est formé de plus en plus clairement. Cela nous montre que certaines personnes peuvent connaître leur vocation très jeune, tandis que d'autres la découvrent au fil des années, de leurs études, de leurs expériences professionnelles et de leur maturité dans la vie. À l'instar d'Esther, la vocation est le moyen que Dieu a donné à Marc pour exprimer qui Il est, et manifester ce qu'Il a déposé en lui lorsqu'Il l'a créé. Dieu prend soin de celles et ceux qui n'ont pas de logements, ainsi que de ceux qui ont besoin de financements, au travers de l'amour qu'il a déposé en Marc pour ces personnes. Le profil de Marc est donc le suivant :

IDENTITÉ DE MARC		
PROFIL Entrepreneur Domaine : Immobilier	**VOCATION** Créer et diriger une société immobilière	**BUT/MISSION** Aider les gens sur le plan financier et du logement

• **Carl : une sagesse qui transforme les gens**

Carl a été pasteur pendant une vingtaine d'années, et pendant qu'il était dans le ministère il a suivi en parallèle des études de droit, qui lui ont permis de devenir avocat. Il a ensuite passé un concours pour devenir juge de proximité et traiter les affaires courantes pour désengorger les tribunaux.

Il a écrit environ une quinzaine de livres, et il a créé plusieurs entreprises. Son profil bien particulier et ses compétences multiples font qu'il est régulièrement invité un peu partout dans le monde pour intervenir dans des conférences, en tant que consultant et enseignant. À cela vient s'ajouter le fait qu'il soit conseiller municipal dans sa ville.

Le profil de Carl est donc le suivant :

IDENTITÉ DE CARL		
PROFIL Conseiller Domaines : Ministère (Église), Entrepreneuriat, Juridique, Enseignement, Conseil	**VOCATION** Conseiller les autres en leur transmettant son savoir	**BUT/MISSION** Transformer la société civile par l'éthique, les valeurs dans les affaires

Le profil de Carl est vraiment intéressant, parce qu'il nous montre qu'une personne n'est pas forcément limitée à un domaine, mais qu'elle peut très bien en occuper plusieurs. Les différentes fonctions qu'il occupe peuvent sembler complètement hétéroclites à première vue, mais lorsque vous les observez attentivement, vous constatez qu'elles ont toutes un point commun : le conseil. Carl est né pour conseiller et communiquer sa sagesse. Son don se trouve donc dans sa capacité à acquérir de la connaissance, afin d'enrichir sa sagesse et la communiquer aux autres, et ce dans différents domaines. Lorsque vous regardez bien le profil de Carl, vous remarquez que la particularité de l'avocat, du juge, du consultant, du conseiller municipal, du pasteur et du conférencier se trouve dans leur capacité à s'exprimer et surtout à être écoutés. Le fait d'être auteur est assez logiquement lié à sa vocation, puisque qu'en tant qu'avocat il doit être capable de préparer une plaidoirie, en tant que juge de rédiger un verdict, en tant que pasteur d'écrire ses prédications, et en tant que conférencier de préparer ses enseignements. Son rôle d'entrepreneur est quant à lui simplement lié à ses différentes activités professionnelles de conseil et d'auteur.

Malgré ses nombreuses casquettes, vous avez pu constater que le but de Carl reste plus ou moins le même : « *transformer la société civile et le monde des affaires en amenant de nouvelles stratégies, de l'éthique et des valeurs en rapport avec sa foi* ». Carl croit que Dieu est capable de répondre aux différents défis que rencontre la société, et il a pour cela à cœur de l'enseigner aux gens, afin qu'ils découvrent leur appel et transforment leur environnement. C'est le message qu'il porte en lui et qu'il essaye de communiquer, grâce aux différents rôles qu'il est amené à occuper. Il le transmet lorsqu'il est invité à intervenir en tant que pasteur, pour enseigner les fidèles à appliquer les principes bibliques qui sont capables de transformer la société. Il le porte lorsqu'il revêt sa tenue de juge ou d'avocat et qu'il est amené à traiter des affaires qui requièrent une certaine sagesse et empathie de sa part. Ce message inspire également ses ouvrages, ainsi que les conseils qu'il peut distiller en tant que consultant ou conseiller municipal.

• **Être une facette de Dieu sur la Terre**

Lorsque vous lisez attentivement les témoignages de Paul, d'Esther, de Marc, et de Carl, il y a deux choses qui attirent votre attention. La première est leur personnalité. Elle a comme été taillée sur-mesure. Paul était un homme passionné. Cette caractéristique s'avérait plutôt être un défaut lorsqu'il était dans un rôle qui n'était pas le sien, mais lorsqu'il trouve enfin sa place, elle devient une qualité exceptionnelle. Esther est sensible. Elle a toujours eu de l'empathie et une attirance naturelle envers les laissés-pour-compte. Marc aime donner. Ce don de libéralité, il ne l'a pourtant pas toujours eu, puisqu'il reconnaît lui-même qu'il était avare quand il était plus jeune. Carl prend plaisir à partager ses connaissances. La conduite et les actions de ces quatre personnes ne leur demandent pas d'efforts particuliers, parce qu'elles font ce pour quoi elles ont été créées.

Il apparaît également que lorsque vous observez les raisons qui les poussent à agir, vous voyez qu'elles sont toutes pour la plupart motivées par l'amour. L'une des particularités de l'amour est qu'il incite à chercher l'intérêt des autres avant le sien. La satisfaction que l'on en tire se trouve dans le fait d'avoir contribué au bonheur de l'autre. Ce n'est pas pour rien si la Bible affirme que : « *Il y a plus de bonheur à donner qu'à recevoir.* » (Actes 20:35).

L'amour est le langage de Dieu. Il utilise ce moyen pour communiquer et se révéler aux hommes, en déversant son amour inconditionnel dans le cœur de ses fils et de ses filles, afin qu'ils le transmettent eux aussi à leur tour. Cet amour n'a point de limite, car il est intarissable, comme l'indique le verset suivant : « (…) *L'amour de Dieu est répandu dans nos cœurs par le Saint-Esprit qui nous a été donné* » (Romains 5:5). Les personnes qui sont touchées par cet amour, et qui cherchent à en comprendre l'origine, finissent pas remonter jusqu'à Lui, parce qu'Il en est La source.

L'individu qui reçoit la révélation de son identité découvre que Dieu l'aime, et qu'Il l'a créé à son image et à sa ressemblance. Dès lors, ces agissements ne sont plus dans le but **d'exister**, mais tout simplement **d'être**. Celui qui parvient à être la personne que le Créateur a imaginée **devient** alors une représentation de Lui sur la Terre, ou tout au moins une infime facette de son infinie grandeur. Pour cela, encore faut-il qu'il soit au préalable né de nouveau, pour être rétabli dans la position initiale qu'avait l'Homme avant la chute, car c'est le seul moyen **d'être**, en laissant le Saint-Esprit agir au travers de l'esprit régénéré. Peu à peu, l'esprit prend le dessus sur l'âme (la personnalité) et l'influence, de sorte qu'il voit, pense, agit et parle, comme Dieu le souhaite. Il devient alors la personne que Dieu a créée.

Résumé :

- Un grand nombre de personnes se définissent en fonction de leur activité professionnelle, de leur position sociale, et de leurs revenus. Cette approche nourrit l'idée que le bonheur consiste à faire et à avoir, plutôt que d'être.

- Le système de pensée de la société aime dire : « **Je suis ce que je fais** ». La Bible a quant à elle un tout autre point de vue, qui est : « Je fais ce que je suis », ou bien : « Je suis, donc je fais ».

- L'identité d'une personne est bien plus que ce que l'on croit, car elle permet de rendre Dieu visible au monde. Elle est en quelque sorte l'une des facettes de Dieu pour se manifester sur la Terre.

Questions :

- Quelle approche aviez-vous adoptée avant la lecture de ce livre ? « **Je suis ce que je fais** » ou bien « Je fais ce que je suis » ?

- De quelle manière vous définissiez-vous auparavant ?

- Avez-vous tendance à vous comparer aux autres ? Si oui, pourquoi ?

- Avez-vous le sentiment d'être la personne que vous devriez être ? Si non, pourquoi ?

Chapitre 8 – Qui êtes-vous ?

Pensez-vous être la personne que Dieu a créée ? Ou êtes-vous plutôt le fruit de votre époque et de votre culture ? Les chapitres précédents nous ont permis de comprendre combien la conscience que nous avons de nous-même est imprégnée de l'environnement dans lequel nous avons évolué. Ainsi, il y a d'un côté la représentation que nous avons de nous-même au sein de la société, et de l'autre celle que nous confère Dieu. Cette idée est difficile à appréhender, notamment pour les personnes non-croyantes, mais ayant moi-même été confronté à ces deux conceptions, je peux vous assurer que la compréhension de ce mystère peut élucider bon nombre de questions que vous vous posez. Beaucoup ont le sentiment d'être bloqués et de stagner dans leur vie. Alors qu'elles explorent différentes pistes pour comprendre quelles en sont les raisons, elles ne se doutent pas un instant que cela résulte du fait qu'elles ne soient pas les personnes qu'elles devraient être. Les explications à cela sont pourtant assez simples. Les désirs et les rêves qui sont inscrits en elles, et qui correspondent à ce que Dieu veut les voir accomplir, sommeillent jusqu'au jour où elles découvrent qui elles sont, parce qu'elles en dépendent directement.

Certaines personnes s'en rapprochent sans pour autant connaître Dieu, parce qu'elles ont bénéficié d'un environnement familial, social et culturel, qui a été propice à l'éclosion de leur personnalité. Cela leur a permis de se découvrir, de se construire et d'apprendre à s'aimer. Cela est important dans une société marquée par le diktat des standards de beauté et de réussite, qui ne manquent pas de développer chez certains un manque de confiance et d'estime de soi. D'autres n'ont pas eu cette même chance, et sont bien loin de ce que Dieu avait initialement prévu pour eux. Enfin, il y a ceux qui, parce qu'ils se sont rapprochés de Dieu, sont parvenus au travers de cette relation à se connaître, et pour certains à se redécouvrir. Ils peuvent aujourd'hui affirmer avec certitude : « Je sais qui je suis ! ».

1 - Votre processus de transformation

- **Transformation intellectuelle et émotionnelle**

Lorsque vous êtes conscient que Dieu vous a créé unique, votre ambition n'est plus de ressembler à telle ou telle personne, mais de tout mettre en œuvre pour devenir la pleine expression de vous-même. Ce changement n'est bien entendu pas instantané, puisqu'il y a un temps entre le moment où vous le découvrez et le jour où vous le devenez. Ce processus de transformation est une aventure à la fois fascinante et déroutante, parce qu'elle vous conduit à remettre en question un certain nombre d'éléments auxquels vous êtes attaché. Vous en séparer sera néanmoins salvateur, car même si vous n'en prenez pas toujours conscience sur le moment, certains d'entre eux vous maintiennent prisonnier de votre passé, à cause de l'influence qu'ils exercent dans votre conscient, votre subconscient et votre inconscient. L'un des moyens de vous en libérer est de prendre soin de bien choisir les choses (les livres, les musiques, les films, les discussions, les programmes télévisés) avec lesquelles vous alimentez vos pensées, afin de les renouveler avec des idées qui soient désormais plus en adéquation avec la personne que vous désirez être.

• **Transformation spirituelle**

Fort heureusement, vous n'êtes pas seul. Le Saint-Esprit vous prête main-forte en opérant Lui-même certains changements à l'intérieur de vous. Son travail va tellement en profondeur qu'Il peut faire remonter à la surface certains éléments de votre vie qui sont mémorisés dans votre inconscient, et qui agissent sur votre comportement. En fonction des personnes, Il adoucit le caractère, ôte l'orgueil, la jalousie, la colère, l'égoïsme. Il libère de certaines peurs et limitations. Il panse les blessures intérieures, chasse les mauvaises pensées, et délivre de certaines addictions. Cette métamorphose donne à beaucoup le sentiment d'une « seconde naissance », car ils réapprennent à se connaître, et même pour certains à s'aimer. Le Saint-Esprit renouvelle également vos pensées, et les amène à un niveau où votre conscience et vos émotions sont tellement en harmonie, que votre esprit et votre âme finissent par ne faire qu'un. Celles et ceux qui parviennent à atteindre cette dimension expérimentent ce qu'est la vraie liberté. Le monde qui les entoure n'a alors plus aucune emprise sur eux, car leur être intérieur est devenu suffisamment fort pour se protéger et dominer l'environnement extérieur.

2 - Votre identité

Alors, qui êtes-vous ?

Je vous propose de répondre à cette question en vous inspirant du modèle de présentation utilisé par l'apôtre Paul. Celui-ci est vraiment intéressant, car il vous oblige à choisir les mots justes pour décrire votre profil, votre vocation et le but de votre vie. Au préalable, prenez quelques secondes pour prier, afin que le Saint-Esprit vous inspire, car votre véritable identité ne découle pas de votre imagination, mais du cœur de Dieu. Rappelez-vous que les trois sont intimement liés. De votre profil découle votre vocation, de votre vocation résulte le but de votre vie, et le but de votre vie dépend de votre profil. Lorsque vous les accordez ensemble, vous obtenez une représentation de votre passé, de votre présent et de votre futur.

Voici trois questions pour vous aider à les identifier :

Qui ? : Votre profil

Quoi ? : Votre vocation

Comment ? : Le but de votre vie

Schéma : Identité

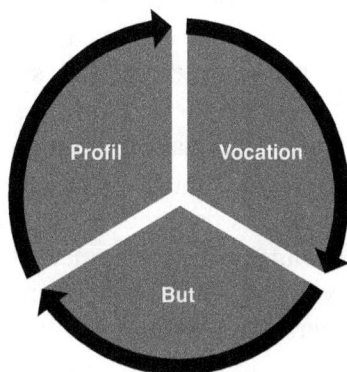

- **Votre profil**

> *Car nous sommes son **ouvrage** (poiema), ayant été créés en Jésus Christ pour de bonnes œuvres, que Dieu a préparées d'avance, afin que nous les pratiquions.* (Éphésiens 2:10)

Les traducteurs bibliques ont choisi d'employer le mot « ouvrage », considérant qu'il se rapprochait le mieux de l'idée première, mais le mot grec utilisé est *poiema*, qui a donné le mot poésie. Le mot *poiema* implique l'idée que tel un poème, Dieu a pris son temps pour vous créer. Il n'a rien fait au hasard. Il a choisi la couleur de votre peau et de vos yeux, la forme de votre visage et de votre nez, il a dessiné vos oreilles, défini la texture de vos cheveux, et déterminé le timbre de votre voix. Il vous a donné des parents et des grands-parents, et vous a transmis certains de leurs traits de caractère comme la sensibilité, l'empathie, la douceur, la patience, la créativité, l'enthousiasme, la discipline, l'intelligence, la sagesse, le courage ou l'altruisme. Certains ont une image négative de leurs parents parce qu'ils ont été abandonnés ou qu'ils n'ont pas été désirés. Peut-être est-ce votre cas ? Toutefois, sachant que tout ce que Dieu conçoit est parfait, si les circonstances de la vie ont fait de vos parents de mauvaises personnes, sans amour et brisées par la vie, quand Il les a créées Il a placé en eux de bonnes choses pour leur propre vie, mais également avec l'idée qu'ils vous les transmettent, pour que vous puissiez devenir la personne qu'Il a imaginée. Il est vrai que certains parcours de vie sont parfois tellement compliqués qu'il est difficile pour certains de l'accepter. Cependant, si vous êtes concerné, essayez de faire abstraction de leurs mauvais côtés, afin de mieux discerner les bonnes choses qui sont dissimulées au fond d'eux. Vous serez alors surpris de constater que le regard que vous portez sur eux et sur vous-même est différent.

Parmi les nombreuses caractéristiques que Dieu vous a attribuées, il y a certaines d'entre elles qui font de vous une personne unique, en déterminant d'une manière toute particulière qui vous êtes.

Questions :

- Quel est le trait de caractère qui vous caractérise ?

- Quelle particularité de votre personnalité vous distingue des autres ? Quels éléments de votre personnalité vos proches vous font remarquer ?

- Qu'est-ce qui vous touche plus que les autres et que vous aimeriez voir changer dans votre entourage ou dans le monde ?

- **Votre vocation**

La vocation est le moyen par lequel vous allez manifester votre identité, en donnant vie à ce qui est en vous. La vocation revêt plusieurs sens, l'un à caractère religieux et l'autre plus général. La vocation vient du latin *vocatio*, du verbe *vocare*, qui signifie appeler. Le dictionnaire Larousse définit la vocation comme étant la destination naturelle de l'Homme. Ce mot a longtemps été réservé à la sphère religieuse pour désigner l'appel de Dieu dans la vie d'une personne, sous-entendant ainsi l'idée d'une prédestination. Sur le plan sociétal, la vocation est perçue comme une attirance forte vers une profession ou un certain type de vie. Sa découverte est différente selon les individus. Certains la découvrent très jeunes, tandis que pour d'autres cela intervient beaucoup plus tard. Il est important de bien faire la distinction entre une vocation et une profession, afin d'éviter toute confusion. À la grande différence d'un emploi, les motivations premières de la vocation ne sont ni le salaire, ni le statut social qu'elle procure, mais l'ardent désir de donner vie à ce qui brûle au fond de son cœur, avec l'intime conviction qu'en le faisant, on accomplit ce pour quoi on existe.

Questions :

- Quelle est votre profession ? La considérez-vous comme votre vocation ou pas ? Sinon, connaissez-vous votre vocation ?

- Quelle activité vous donne la sensation d'être pleinement vivant ?

- Qu'aimez-vous faire par-dessus tout ?

- **Votre but**

Votre but est l'histoire que vous devez écrire sur la Terre. La plupart des gens reconnaissent qu'au fond d'eux brûle un désir pour quelque chose de significatif. Cette aspiration est légitime, car elle est simplement l'expression que chacun existe pour un but. D'ailleurs n'est-ce pas l'objectif de toute chose d'exister pour un but bien précis ? Lorsque vous discutez avec un créateur, un inventeur ou un ingénieur, et que vous leur demandez les raisons qui les ont poussés à créer tel objet, tel appareil ou telle machine, la première explication qu'ils vous donnent est le but pour lequel ils l'ont créé. Ils ont généralement vu un besoin et ont inventé un objet dans le but d'y répondre. Les informations relatives à leur produit apparaissent d'ailleurs sur la notice explicative, avec en premier lieu le but pour lequel il existe, puis le mode de fonctionnement, la durée de vie, sans oublier le service après-vente à appeler en cas de dysfonctionnement. La durée de vie et le bon fonctionnement dépendent bien entendu du respect des règles d'utilisation conseillées par le créateur ou le constructeur. De même en est-il pour vous : seul le Créateur peut vous révéler le but pour lequel vous existez, la notice explicative étant la Bible. Cela nous pousse à comprendre une chose : si but il y a, cela implique forcément qu'une personne en est à l'origine. Autrement, comment peut-on expliquer qu'un objectif puisse se déterminer par lui-même ? De même, comment un individu peut-il être certain d'utiliser correctement un objet, s'il ignore finalement quelle en est la destination ?

Questions :

- Connaissez-vous le but de votre vie ? Si oui, lequel est-il ?

- Quelle trace aimeriez-vous laisser sur la Terre ?

- De quelle manière aimeriez-vous rendre Dieu visible ?

Lorsque le temps vous semblera adéquat, tentez ensuite de remplir les deux tableaux suivants :

VOTRE PRÉNOM :		
VOTRE PROFIL :	VOTRE VOCATION :	VOTRE BUT/MISSION :

	AUPARAVANT	RENOUVELLEMENT DES PENSÉES	APRÈS
Votre patrimoine génétique			-
Votre culture			-
Vos traits de caractère			
Votre éducation et vos connaissances			
Votre système de pensée			
Votre mission			

Lorsque vous prenez conscience de votre identité profonde, et que vous comprenez enfin qui vous êtes réellement, vous pouvez alors mettre tout en œuvre pour incarner enfin cette identité, et accomplir ainsi votre destinée. Vous réalisez alors que vous possédez en votre for intérieur tous les atouts susceptibles de répondre aux besoins et aux attentes de l'époque dans laquelle vous vivez. La manifestation de votre véritable identité s'avère bien plus importante qu'il n'y parait. En devenant la personne que vous devriez être, non seulement vous écrivez votre histoire telle qu'elle a été voulue par Dieu, mais plus encore. Votre parcours personnel va alors s'inscrire dans la grande Histoire de l'humanité, telle que le Créateur l'a souhaitée pour les hommes.

Je conclurai donc en vous reposant une nouvelle fois la question : « Qui êtes-vous ? »

Résumé :

- **Votre profil** : Parmi les nombreuses caractéristiques que Dieu vous a attribuées, il y a certaines d'entre elles qui font de vous une personne unique, en déterminant d'une manière toute particulière qui vous êtes.

- **Votre vocation** est le moyen par lequel vous allez manifester votre identité, en donnant vie à ce qui est en vous.

- **Votre but** est l'histoire que vous devez écrire sur la Terre.

Conclusion

Un arbre qui a de profondes racines peut résister à des vents violents, des tempêtes, voire même à certains cyclones, contrairement à celui qui n'en a pas et qui à tout moment peut s'effondrer, à la moindre bourrasque. De même, une personne qui sait qui elle est a suffisamment d'emprise sur sa vie pour ne pas se laisser emporter au loin et risquer ainsi de perdre de vue le but de sa présence sur Terre. A contrario, la personne qui l'ignore sera facilement malléable et prompte à accepter ce que la société dit et attend d'elle. Un grand nombre des maux que connaît aujourd'hui l'Homme moderne ont leur solution dans la compréhension de ce qu'est l'identité de l'être humain, d'un point de vue naturel certes, mais également et surtout spirituel. Il est important que chacun puisse saisir cela, car les problèmes d'identité sont et seront les enjeux de ces prochaines années. J'espère que cet ouvrage vous a permis de découvrir quelle est la vôtre, afin de devenir la personne que Dieu voulait faire de vous dès le départ. Votre vie est entre vos mains, alors c'est à vous de jouer !

Remerciements

Ma profonde reconnaissance à Dieu le Père, à Dieu le Fils, et à Dieu le Saint-Esprit, la source d'inspiration de ce projet.

Je tiens à remercier Whitney Jean-Gilles, Thierry Grappotte, Guillaume, Eddy Kentsa, Melody Smit, Gaëlle Oustabachieff et Marie-Anne Goury pour la pertinence de leurs relectures et de leurs remarques.

Merci à Marine Vlody, Kéna Kalala, Ruth Yapoga, Laetitia Benoit, Paskaline Seka, Hélène Hadassah, Sally Sangaré et Max Nagels pour leur dévouement ; sans oublier l'expertise technique d'Ulrich AK et d'Arowgrafiks.

Merci à Marie Verpilleux pour la traduction du livre en anglais.

Table des matières

www.ingramcontent.com/pod-product-compliance
Lightning Source LLC
Chambersburg PA
CBHW051840090426
42736CB00011B/1898

* 9 7 8 2 9 5 5 7 6 5 6 6 1 *